기독교문서선교회(Christian Literature Center: 약칭 CLC)는 1941년 영국 콜체스터에서 켄 아담스에 의해 시작되었으며 국제 본부는 미국 필라델피아에 있습니다. 국제 CLC는 59개 나라에서 180개의 본부를 두고, 약 650여 명의 선교사들이 이동 도서차량 40대를 이용하여 문서 보급에 힘쓰고 있으며 이메일 주문을 통해 130여 국으로 책을 공급하고 있습니다. 한국 CLC는 청교도적 복음주의 신학과 건양 서적을 출판하는 문서선교기관으로서, 한 영혼이라도 구원되길 소망하면서 주님이 오시는 그날까지 최선을 다할 것입니다.

추천사

송 성 진 박사
감리교신학대학교 조직신학 교수

본인은 박은미 박사님의 신학 저서 『아빌라의 테레사의 사랑의 영성』에 대하여 기쁜 마음으로 몇 마디 추천의 말씀을 드리고자 합니다. 이 저서는 본래 박은미 박사님이 자신의 박사학위 논문으로 감리교신학대학교 대학원에 제출하였던 것입니다. 오늘날 교계 안팎에 영성에 대한 관심이 나날이 고조되고 있고, 그에 상응하여 신뢰할만한 올바른 영성신학이 절실하게 요청되고 있습니다. 박은미 박사님의 『아빌라의 테레사의 사랑의 영성』은 이러한 시대적 관심과 요청에 대하여 매우 적절하게, 그리고 책임적으로 응답하고 있습니다.

저자는 이 책에서 아빌라의 테레사의 영성 사상을 해석하고 테레사와 더불어 신학적인 대화를 하는 데서 출발하지마는 결국에는 그 대화에 기초하여 저자 자신의 영성신학을 선보이고 있습니다. 저자에 의하면, 아빌라의 테레사나 저자 자신이 이해하는 영성의 본질은 사랑입니다. 따라서 영성의 실현은 사랑의 실현입니다. 영성이란 한편으로 가장 진실한 존재 상태, 즉 사랑의 존재 상태의 성취인 동시에 또한 그러한 존재 상태의 외적인 표현으로서의 사랑의 활동입니다.

저자는 영성의 실현을 위해서 사랑의 '음양 통합적'(陰陽統合的) 실현을 주장하고 있습니다. 음성(陰性)은 수용성(受容性)이요, 양성(陽性)은 수여성(授與性)입니다. 사랑의 원만한 실현을 위해서는 하나님 및 동료 피조물에 대하여 잘 받고 또 잘 내어주는 일이 있어야 한다는 말입니다. 음성(陰性)에서의 사랑은 하나님 및 이웃과의 관계에서 받아야 할 것을 받되, 진실되게 잘 받는 것입니다. 즉, 하나님의 은혜를 믿음으로 감사히 잘 받아들이고, 또한 이웃의 아픔이나 기쁨을 공감적으로 잘 받아들이는 것입니다.

양성(陽性)에서의 사랑은 하나님 및 이웃과의 관계에서 드려야 할 것을 드리되, 진실되게 잘 드리는 것입니다. 즉, 하나님께는 감사와 찬양을 온 정성을 다하여 드리고, 또 이웃에게는 그의 아픔을 경감시키거나 또는 그의 행복을 증진시킬 목적으로 내게 있는 것으로 그에게 아낌없이 내어주는 것입니다. 이것이 저자가 말하는 사랑이요, 영성입니다.

우리 주 예수 그리스도께서 착한 삶, 사랑의 영성에 대하여 다음과 같이 가르치신 바 있습니다.

> 너희는 세상의 빛이라 산 위에 있는 동네가 숨겨지지 못할 것이요 사람이 등불을 켜서 말 아래에 두지 아니하고 등경 위에 두나니 이러므로 집 안 모든 사람에게 비치느니라 이같이 너희 빛이 사람 앞에 비치게 하여 그들로 너희 착한 행실을 보고 하늘에 계신 너희 아버지께 영광을 돌리게 하라(마 5:14-16).

본인이 보건대, 저자가 『아빌라의 테레사의 사랑의 영성』에서 주장하는 바는 실상 위 인용문에 나타난 예수 그리스도의 가르침을 보다 충분히 풀이한 것과 다름이 없습니다. 그리스도의 위 가르침에 의하면, 제자는 "세상의 빛"입니다. 제자의 이 빛은 사랑의 빛으로 이해됩니다.

올바른 영성에는 하나님에 대한 사랑과 이웃에 대한 사랑 둘 다 있어야 합니다. 그러할지라도 그 두 사랑 사이에 논리적인 순서가 있습니다. 이웃에 대한 사랑에 앞서서 하나님에 대한 사랑이 이웃 사랑의 원천으로 있어야 합니다. 불이 없는 등불은 실상 등불이 아니요, 따라서 세상을 비출 수 없습니다. 그런데 등불의 불은 본래 등 자신에게 속한 것이 아니요, 외부에서 붙여진 것입니다. 그와 같이 어떤 사람이 자신의 존재 안에 사랑의 불을 갖고 있지 않다면, 그는 세상에 대하여 사랑의 빛을 발할 수 없습니다. 그런데 그 사람 속에 있는 사랑의 불도 본래 그 사람 자신에게 속한 것이 아니요, 사랑의 불 자체이신 하나님에게서 온 것입니다. 하나님으로부터 사랑의 불을 전해 받은 영혼만이 그 신적인 불로써 세상을 비출 수 있고, 또 마땅히 비춰야 합니다. 그리고 그는 하나님께 받은 그 사랑의 불로써 또한 하나님도 사랑할 수 있고, 또 마땅히 사랑해야 합니다.

본인이 판단하기에 박은미 박사님은 이 책에서 예수 그리스도의 위 가르침을 보다 자세하게, 그리고 조직적으로 풀이하고 있습니다. 요컨대, 하나님에 대한 올바른 음양 통합적 사랑 사건이 이웃에 대한 음양 통합적 사랑 사건의 원천이 되는 중에, 그 두 사랑이 항상 함께 있어야 한다는 것입니다. 그리고 하나님의 은총에 의지하면서 영성의 길을 꾸준히 성실하게 걸어가는 사람에게 그 사랑의 불은 날이 갈수록 더욱더 강렬해지고 순수해진다는 것입니다. 사랑의 영성은 진보가 있는 영성입니다.

　본인은 이 책에 담긴 저자 및 아빌라의 테레사의 영성 사상을 대개 위와 같이 이해하였습니다. 본인은 이러한 음양 통합적 사랑의 영성 사상에 대하여 기쁘게 공감합니다. 그러므로 본인은 영성의 진리와 그 실현에 대하여 깊은 관심을 갖고 계시는 모든 분께 이 책의 일독을 적극적으로 권해 드리는 바입니다.

*Teresa of Avila's
Spirituality of Love*

아빌라의 테레사의 사랑의 영성

Teresa of Avila's Spirituality of Love
Written by Eunmee Park
All rights reserved.
Korean Edition Copyright ⓒ 2020 by Christian Literature Center, Seoul, Korea

아빌라의 테레사의 사랑의 영성

2020년 4월 20일 초판 발행

지은이	|	박은미
편집	|	고윤석
디자인	|	박하영
펴낸곳	|	(사)기독교문서선교회
등록	|	제16-25호(1980.1.18.)
주소	|	서울특별시 서초구 방배로 68
전화	|	02-586-8761~3(본사) 031-942-8761(영업부)
팩스	|	02-523-0131(본사) 031-942-8763(영업부)
이메일	|	clckor@gmail.com
홈페이지	|	www.clcbook.com
송금계좌	|	기업은행 073-000308-04-020 (사)기독교문서선교회

ISBN 978-89-341-2109-1(93230)

이 도서의 국립중앙도서관 출판예정도서목록(CIP)은 서지정보유통지원시스템 홈페이지(http://seoji.nl.go.kr)와 국가자료종합목록 구축시스템(http://kolis-net.nl.go.kr)에서 이용하실 수 있습니다. (CIP제어번호: CIP2020007545)

이 책의 저작권은 저자와 (사)기독교문서선교회가 소유합니다. 신저작권법에 의하여 한국 내에서 보호받는 저작물이므로 무단 전재와 무단 복제를 금합니다.

신학박사 논문 시리즈 56

Teresa of Avila's Spirituality of Love

아빌라의 테레사의
사랑의 영성

박은미 지음

CLC

목차

추천사　송 성 진 박사 | 감리교신학대학교 조직신학 교수

머리말　　　　　　　　　　　　　　　　　　　　10
국문 초록 및 주제어　　　　　　　　　　　　　　13

제1부

들어가는 말　　　　　　　　　　　　　　　　　　18

제2부

아빌라의 테레사의 영성신학: 음양 통합적 사랑 사상　27

제1장　아빌라의 테레사의 신학 연구를 위한 해석학적 기본 관점: 음양론　28
제2장　아빌라의 테레사의 영성신학에서의 음양 통합성　　　　　　　　40

제3부

아빌라의 테레사의 음양론적 영성 사상에 대한 신학적 성찰　114

제1장　아빌라의 테레사의 음양론적 영성신학의 기독교성　115
제2장　아빌라의 테레사의 음양론적 영성신학의 신뢰성　162

제4부

결론　169

머리말

2014년도 가을에 박사 과정을 시작한 이래로 5년 동안 '하나님 사랑, 이웃 사랑'을 더욱 묵상하면서 살았으니 그리스도인으로서 참 복된 세월이었습니다. 논문 개요를 내고 나서, 진척이 되지 않아서 답답함과 초조함에 쌓여 있을 때, 나의 새벽과 저녁의 탄식과 한숨을 들어주신 주님, 내내 좋은 벗들을 많이 보내주셔서 변함없이 할 수 있다는 격려의 음성을 들려주신 나의 최고의 후원자이신 사랑의 주님, 그 은혜에 깊은 감사를 올려 드립니다. 시작과 마침의 모든 과정이 하나님의 은혜입니다. 한 사람의 신학도이자, 목회자이며, 그리스도의 사랑에 붙들린 자로서 기독교 영성의 주제인 '사랑'을 논하는 것은 기쁘고 즐거운 일이며, 하나님이 작은 자에게 부여해 주신 영광이기에 감사드립니다.

하나님은 사랑이시고, 우리의 본래적 실존이 사랑임을 저술과 강의를 통해서 더욱 명확하게 깨우치도록 해주시고, 아빌라의 테레사라는 진실한 영성의 대가를 만나게 해 주셨으며, 이 논문이 나오는 데 가장 많은 도움을 주신 존경하는 송성진 교수님의 지도에 대해서 머리 숙여 감사를 드립니다. 또한 감리교신학대학교에서 석사 과정과 박사 과정을 공부할 때, 언제나 과분한 칭찬과 격려를 아낌없이 해주신 이후정 교수님께 감사를 드립니다. 그리고 만날 때마다 항상 반갑게 대해주시고, 목회와 학업을 병행하는 것을 격려해주시고 세밀하게 지도해 주신 한정선 교수님께도 감사를 드립니다. 또한 논문 심사 위원장을 맡아주시고 전체적인 내용을 꼼꼼하게 잘 살펴주시고 지도해 주신 김영선 박사님과, 음양 통합적 사랑 사상에 크게 관심을 보이시고 더욱 발전시켜 볼 것을 제안해 주신 차옥숭 박사님께도 감사를 드립니다. 훌륭하신 분들의 지도를 받은 것은 복 중의 복이라는 것을 알기에 거듭 감사를 드립니다.

무엇보다도 목회자로서 박사 과정을 하는 동안 교회 사역에 전력을 다하지 못하고, 학업으로 인해 부재중일 때도 많았는데, 목회자가 공부하는 것은 자신들을 영적으로 더욱 진보하게 해주고, 말씀을 더욱 잘 가르쳐 주려고 하는 일이고, 오히려 자신들에게 도움을 주는 것이라며 고마워하시고 널리 이해해 주시며 매일 기도해 주신 사랑하는 주님의동산교회 교우들에게 깊이 감사를 드립니다.

더불어 언제나 그러하셨듯이 가없는 사랑으로 딸이 늦은 나이에 시작한 박사 과정을 잘하는 일이라고 끊임없이 응원과 격려를 해 주시고, 기도와 경제적인 도움까지 주신 부모님 그리고 변함없는 지지자 동생 박미숙 권사와 사랑의 장학금을 익명으로 후원해 주신 분들에게도 감사를 드립니다.

이제는 더 정진하여 공부하는 즐거움을 누리고 싶습니다. 다시 숨을 고르고 영성신학, 조직신학 분야에서 성실하게 그리고 더욱 깊이 있게 신학하는 자로서의 삶을 살 것을 결심해 봅니다. 여기까지 인도하신 하나님이 신학이라는 멋진 학문의 여정에서도 언제나 동행하실 것을 믿고 이 논문을 사랑하는 주님께 감사로 올려 드립니다.

　이 책은 본인의 박사 학위 논문을 책으로 출판한 것입니다. 원제는 『아빌라의 테레사의 영성 신학 연구: 음양 통합적 사랑 사상』인데, 이번에 책으로 출판하면서 『아빌라의 테레사의 사랑의 영성』으로 다소 변경하였음을 밝힙니다. 책으로 출판할 것을 권유해 주신 송성진 교수님께 깊이 감사를 드리며, 기독교문서선교회(CLC) 박영호 대표님과 교정에 수고해 주신 고윤석 목사님 그리고 임직원 여러분 모두에게 감사를 드립니다.

2020년 2월 5일

국문 초록 및 주제어

본 논문의 과제는 영성에 대한 온전한 신학적 이해를 추구하는 데 있다. 영성이란 사랑의 완전에로의 자기 초월이다. 이 자기 초월은 하나님 및 동료 피조물과의 바른 관계 속에서 이루어진다. 본 논문은 영성에 대한 온전한 신학적 이해라는 과제의 효과적인 달성을 위해서 스페인 출신의 유명한 영성가인 아빌라의 테레사(1515-1582)와 더불어 신학적 대화를 수행한다. 본 논문은 테레사의 저서들 속에 담겨 있는 영성 사상을 해석하는 해석학적 틀로서 동양의 음양론을 사용한다.

음양론에 대한 고전적인 문헌은 『계사전』이다. 『계사전』은 음양에 대하여 다음과 같이 말한다. "一陰一陽之謂道"(한 번 음하고 한 번 양하는 것을 이르되 도라고 한다). 동양의 역(易)사상에 의하면 만물은 활동한다. 변화 활동의 원리는 "도"(道)라 칭해진다. 변화 활동의 원리로서의 "도"(道)는 두 가지 대조적인 동시에 상보적인 성질을 내포한다. 그 두 성질 중 하나는 "음"(陰)이요, 다른 하나는 "양"(陽)이다. 음과 양은 결국 활동에 관한 문제이다.

테레사를 포함하여 기독교 전통에서 널리 공유되는 바 영성의 핵심 의미는 사랑이다. 그런데 음양학적 관점에서 보면 사랑은 음과 양의 두 측면을 모두 가지고 있다. 음(陰)은 수용성(受容性), 양은 수여성(授與性)이다. 테레사의 사랑의 영성 사상에 의하면, 모든 인격적 관계는 음과 양의 양 측면을 모두 지니고 있으며, 음양 통합적이다.

본 논문이 테레사의 영성 사상을 음양학적으로 해석하면서 구성하는 음양 통합적 영성신학의 골자는 다음과 같다. 인간과 하나님 사이의 사랑은 음과 양의 양 측면을 지닌다. 이 두 측면 중에 어느 하나라도 빠지면 그 둘 사이에 진정한 사랑은 이루어질 수 없다. 인간이 하나님에 대한 수동적 음의 순간이 결여된 상태에서 하나님에 대하여 능동적 양적 사랑을 시도한다고 해도 그것은 불가능할 것이다. 이 경우 사랑의 능력이 없기 때문이다. 또한 인생이 하나님에 대한 수동적 음의 순간은 충실하게 가졌다고 해도 하나님께 되돌려 드리는 능동적 양의 순간이 없다면 그것도 합당하지 않다. 그는 하나님께 감사할 줄 모르고 하나님의 뜻을 따를 줄 모르는 자이기에 결국에는 하나님으로부터 더 이상의 사랑의 빛과 불을 실존적으로 받을 수 없는 상황을 만나게 될 것이다. 먼저 받음이 없이는 내어 드릴 것이 없게 된다. 마찬가지로 내어 줌이 없다면 종래 더 이상 받지 못하게 되는 것도 진리이다. 진실한 신앙적 삶의 실현을 위해서는 음(陰)의 입구도 열려 있어야 하고, 양(陽)의 출구도 열려 있어야 한다. 이 두 문은 항상 함께 열려 있어야 한다. 그 두 문 중 어느 한 문이라도 막히면, 결국 두 문 다 막히게 된다.

사람과 사람 사이의 관계도 마찬가지이다. 이웃 사랑은 음성(陰性)과 양성(陽性) 두 측면을 지닌다. 그 둘 사이의 논리적 순서를 살펴보면, 먼저 와야 하는 것은 음성이다. 음성에서의 사랑은 상대방의 상태와 처지를 공감적으로 경험하여 아는 것이다. 고난과 슬픔이 많은 이 세상에서의 이웃에 대한 음적(陰的) 사랑은 흔히 함께 아파하고 함께 슬퍼하는 공감의 형태를 띠게 된다. 예수님은 나사로의 죽음 사태와 관련하여 슬픔에 빠진 사람들의 처지에 진실한 음적(陰的) 사랑으로써 공감적으로 참여하셨다. 진실된 공감적 참여의 슬픔은 진실한 슬픔이다. 테레사에 의하면, 이 슬픔은 "이웃을 어여삐 여기는 사랑"(the charity of compassion for one's neighbor)이다. 예수님의 제자인 우리도 이러한 올바른 공감적 사랑, 진실한 슬픔의 능력을 지녀야 한다. 이웃에 대한 음성(陰性)에서의 사랑 다음에는 양성(陽性)에서의 사랑이 온다. 예수님은 눈물을 흘리신 후에 죽은 나사로를 향해서 큰 소리로 외쳤다. "나사로야 나오라"(요 11:43). 이것은 예수님이 보이신 양성(陽性)에서의 사랑의 모습이다. 양성에서의 사랑은 이웃의 고통을 없애려 하고 더 나아가서 이웃의 행복을 증진시키기 위해서 능동적인 노력을 행한다.

음성(陰性)에서의 사랑에서든 양성(陽性)에서의 사랑이든 그 사랑의 능력과 심도에 등차가 있다. 이웃의 고통에 대하여 완전히 무감각한 것은 음성(陰性)에서의 사랑, 공감적 사랑이 아예 없는 경우이겠지만, 그렇지 않고 그러한 사랑이 어느 정도 있다고 하여도 이웃의 고통의 성격과 그 고통의 깊이에 대한 이해의 정도는 사람마다 차이가 있다. 음성에서의 사랑이 부족하면, 따라서 양성에서의 사랑도 부족하게 된다. 음적(陰的) 사랑의 순간에 상당한 정도의 이해와 공감을 가지고 이웃의 고통에 동참한다고 하여도, 양적(陽的) 사랑의 순간에 이웃의 그 고통을 덜어 줄 수 있는 능력을 보면, 이 또한 사람마다 차이가 있다. 예수님의 경우에는 죽은 나사로를 소생시키는 형태의 양적 사랑을 행했지만, 우리는 죽은 사람을 살리는 그런 정도의 사랑의 능력을 발휘할 수는 없기 때문이다. 좌우간 이 세상 사는 동안에 음성에서의 사랑의 능력이든 양성에서의 사랑의 능력이든 그 능력을 증진시키는 끝없는 노력이 필요하다.

테레사의 신학과 대화하면서 구성되는 음양 통합적 영성신학은 기독교적 진실성을 지닌다. 그 사상은 우선 예수 그리스도의 계시 사건과 부합한다. 예수 그리스도는 음양 통합적 영성 진리의 계시자이며, 그 구현자이다. 예수 그리스도는 또한 그러한 영성을 이루게 하는 능력의 수여자이다. 음양 통합적 영성신학은 또한 바울의 신학에 의해서도 뒷받침되고, 또 모든 시대 모든 기독교인의 예배 경험과도 잘 조화된다. 모름지기 모든 인격과 인격 사이의 사랑의 관계는 음양 통합적 사건이라고 주장하는 본 논문의 영성신학 사상은 비단 고대 동양의 음양 사상에 의해서 뿐만 아니라 과정 철학 등 현대의 여러 사상들에 의해서도 널리 뒷받침되고 있으며, 그런 만큼 현대인들에게 신뢰성을 주는 사상이다.

주제어

아빌라의 테레사, 영성, 영성신학, 음양론, 음적 사랑, 양적 사랑, 음양 통합적 사랑, 사랑의 완전, 자기 초월, 개방성

제1부

들어가는 말

들어가는 말

　현시대는 영성에 대한 관심이 많은 시대이다. 국내외적으로 영성에 대한 많은 가르침과 책들이 제시되고 있다. 이러한 상황을 맞이하여 신학도는 올바른 기독교 영성신학을 모색할 책임감을 느끼게 된다. 학문은 대화를 통해서 효과적으로 이루어진다. 본인은 올바른 기독교적 영성신학의 건설을 위하여 특별히 아빌라의 테레사(Teresa of Avila, 1515-1582)[1]와 더불어 신학적 대화를 수행하고자 한다. 아빌라의 테레사는 기독교 영성의 높은 경지에 오른 분으로 널리 인정받고 있다. 테레사는 1970년에 교황 바오로 6세(Pope Paul VI)에 의하여 교회 박사(Doctor of the Church)로 선언된 바 있다.[2] 오늘날 테레사는 가톨릭교회와 개신교를 불문하고 여러 신학자들에 의해서 주목받고 있으며 연구되고 있다. 본인은 이처럼 널리 그 중요성이 인정되는 테레사와 영성신학을 공부함으로써 앞으로의 영성신학의 구성

---

[1] 테레사에 대한 연구 자료들은 방대하다. 방효익의 『예수의 데레사 입문』(화성: 수원가톨릭대학교출판부, 2010)을 통해서 테레사의 생애와 작품에 대한 기본적인 이해를 얻을 수 있다. 기쁜소식출판사에서 지속적으로 간행하고 있는 가르멜 총서는 테레사의 생애와 저서에 대한 보다 광범위한 연구 결과를 제공하고 있다. Santa Teresa De Jesús, *Obras Completas: edicion manual* (Madrid: Biblioteca de Autores Cristianos, 2015). 도입 부분 I, II, III도 참조하라.

[2] 데레사, 『영혼의 성』, 최민순 역 (서울: 바오로딸, 2001), 12.

을 위하여 중요한 통찰을 얻을 수 있을 것으로 확신하고 기대한다.

본 논문은 영성이라는 주제를 다루게 되므로 우선 영성이란 무엇인지에 대한 이해가 요청된다. 영성신학자 샌드라 M. 슈나이더스(Sandra M. Schneiders)는 영성을 정의하되, "자신이 파악한 바 궁극적 가치에로의 자기 초월을 통한 생명 통합 과제에 의식적으로 참여하는 경험"(the experience of conscious involvement in the project of life integration through self-transcendence toward the ultimate value one perceives)[3]이라고 말한다. 송성진은 영성의 의미를 "개방성과 자기 초월성"(openness and self-transcendence)으로 본 존 매쿼리(John Macquarrie)의 기본 입장을 수용하면서 영성에 대하여 정의하기를, 영성이란 "다른 존재들과의 친밀한 사랑의 교제를 향하여 자기 존재를 '개방하는 것'이며, 그러한 친밀한 사랑의 교제를 통하여 이전의 자기 자신을 초월하는 것"이라고 말한다.[4] 내가 판단하기에, 영성에 대한 슈나이더스의 이해와 송성진의 이해는 많은 중요한 내용을 공유하고 있다. 무엇보다도 슈나이더스와 송성진 두 사람 모두는 공통적으로 영성의 핵심 의미를 "자기 초월"에서 찾고 있다. 슈나이더스는 그 "자기 초월"이 "생명 통합"(life integration)의 성격을 지니고 있음을 덧붙여 말하고 있다. 슈나이더스의 "자기 초월"은 "궁극적 가치를 지향하는 자기 초월"인데, 이 경우의 "궁극적

---

[3] Sandra M, Schneiders, "Religion and Spirituality: Strangers, Rivals, or Partners?", *The Santa Clara Lectures 6*, no. 2. (Feb 4, 2000), 4. 이 논문의 출처. https://scholarcommons.scu.edu/cgi/viewcontent.cgi?article=1093&context=jst
[4] 송성진, 『영성과 교회』(서울: CLC, 2016), 13 이하.

가치"는 "사랑"과 같은 가치를 지칭할 수도 있고, 또는 그러한 가치의 궁극적 구현자로서의 하나님을 지칭할 수도 있다. 슈나이더스는 "궁극적 가치에로의 자기 초월"을 말함으로써 영성의 자기 초월이 궁극성에로의 지향성을 지니고 있음을 분명히 하고 있다. 슈나이더스는 결국 영성이 궁극적 실재인 하나님과 관계됨을 암시하고 있다. 송성진도 자기 초월이 다른 존재에 대한 "개방성" 및 "사랑의 교제"에 있음을 말한다. 송성진은 "다른 존재"로써 하나님과 동료 피조물을 암시하고 있다. 나는 서로 크게 다르지 않은 슈나이더스와 송성진의 이해를 종합하는 방식으로 영성을 이해하고자 한다. 그리하여 나는 영성에 대한 나의 이해를 다음과 같이 표현하고자 한다. 영성이란 사랑의 완전에로의 자기 초월인데, 이 자기 초월은 하나님 및 동료 피조물과의 바른 관계 속에서 이루어진다.

기독교 신앙은 예수 그리스도가 이러한 자기 초월의 진리를 계시하고, 또 스스로 구현하며, 또 더 나아가서 그러한 자기 초월의 능력을 수여하는 분이라고 믿는다. 나는 본 논문에서 특별히 예수 그리스도와의 관계성 속에서 이루어지는 기독교적 영성에 대한 적절한 신학적 이해를 추구하고자 한다.

기독교적 영성에 대한 적절한 신학적 이해의 추구는 그 주제에 대하여 권위 있는 이해를 지니고 있는 선배 신학자와의 대화를 통해서 수행하는 것이 효과적이라고 판단된다. 대화 상대자가 심원한 영성적 체험이 있고 더 나아가서 그 영성적 체험에 대한 심도 있는 신학적 사색을 행한 이라면 더 바랄 것이 없을 것이다. 나는 이러한 나의 요청에 부응할 수 있는 영성가로 스페인 출신의 여성 신비가인 아빌라의 테레사를 고려하게 되었다.

테레사는 어떠한 사람이며 그녀의 영성은 어떠한 영성인가? 테레사의 영성은 무엇보다도 예수 그리스도 중심적 영성이다. 그리하여 그녀는 참다운 영성적 사랑이란 "우리를 사랑하는 살뜰한 님, 예수님의 사랑을 본뜨는 것"[5]이라고 말한다. 테레사는 진실한 사람이다. 진실하신 주님을 따르는 영성가는 그 스스로도 진실한 사람이 되는 것이 자연스럽다. 테레사가 영적 체험과 깨달음에 있어서 큰 진보를 이룬 시점에 쓴 『영혼의 성』(1577년)은 진실한 사람으로서의 테레사의 모습을 보여 주고 있다.

> 지금 내가 말하고 있는 인간 내부에서 일어나는 이 일들이 전에 다른 데서 말했던 것과 다르게 보일는지 모르겠습니다만, 별로 이상할 것이 없습니다. 그 문제에 대해서 내가 썼던 것이 거의 15년, 그 뒤로 주께서는 그때보다 훨씬 더 밝게 깨쳐주신 때문일 것입니다. 그때나 이때나 나는 매사에 틀릴 수는 있습니다. 하지만 거짓을 말할 수는 없습니다.
>
> 거짓말 … 하느님의 자비를 믿고 하는 말이지만, 차라리 나는 천 번 죽었으면 죽었지 거짓말을 할 수 없습니다. 그저 내가 아는 대로를 말할 따름입니다.[6]

테레사와 동시대를 살았던 도미니크 수도회의 신부이자 철학자이며 신학

---

[5] 데레사, 『완덕의 길』, 최민순 역 (서울: 바오로딸, 2002), 94.
[6] 데레사, 『영혼의 성』, 86 이하.

자인 도밍고 바네스(Domingo Bañez)는 "저는 인간적으로 있을 수 있는 것 가운데 다음 한 가지를 확신합니다. 테레사 수녀님은 거짓을 모르던 분입니다. 그리고 모든 사람은 그분의 선한 지향과 행실로 인해 그분을 좋아하는 게 분명합니다"[7]라고 회고한다. 도밍고 바네스의 이러한 평가는 그리스도인으로서 진실한 삶을 살았던 영성가인 그녀와 대화하고 싶은 열망을 불러일으키기에 충분하다.

테레사는 영성을 추구하는 후대의 사람들에게 크나큰 영향을 미친 사람이다. 후대에 미친 그녀의 영향은 주로 그녀가 쓴 책들을 통해서 이루어졌다. 엠마누엘 르놀은 기독교 영성사에 테레사가 미친 영향력 내지 매력에 대하여 다음과 같이 쓰고 있다.

저작 전집은 레온의 루이스 주선으로 1588년 살라망까에서 출판된 뒤 계속 판을 거듭하고 있다. 즉. 16세기에 13판, 17세기에 243판, 18세기에 125판, 19세기에 269판, 그리고 20세기에는 지금까지 528판을 넘어서고 있다. 데레사의 저서는 유럽 대부분의 언어로 번역되었으며 한국어, 중국어, 일본어, 말레이어, 타밀어, 아랍어, 희랍어로도 번역되고 있다. 1622년 그레고리오 15세에 의해서 그녀가 시성된 이후, 교황의 자리에 계신 분들도 그것을 읽고 본받도록 권유해 왔다. ···· "여자들은 교회 집회에서 말

---

[7] Daniel de Pablo Maroto, *En edición de las Obras de la Santa*, Madrid, Ede. 2000. pp. 299-302, 『성녀 데레사의 기도 영성』, 윤주형 베네딕토 신부 역 (서울: 기쁜소식, 2012), 68. 각주 34) 재인용.

할 권리가 없으니 말을 하지 마십시오"(1고린 14:34)라는 성 바울로의 말씀에 대한 그릇된 해석을 깨뜨리고 바오로 6세는 드디어 1970년 9월 27일에 데레사를 교회 학자로 선언했다.

신학자들은 신비생활의 여러 문제들을 해명하기 위해서 데레사의 가르침을 따랐다. 특히 하느님과의 합일에 있어 최고봉에 이른 뛰어난 인식, 관상기도의 단계에 대한 완벽한 묘사와 관상기도와 사랑의 완전함과의 상호관계, 그리고 영혼의 생명과 관련되어 있는 삼위일체 신비의 생생한 전망 등을 신학자들은 데레사에게서 배웠던 것이다. 그녀는 신비신학상의 고전적인 요소들을 실제적인 방법으로 입증하고 있다. 그러므로 데레사의 가르침은 수덕신학이나 신비신학의 모든 개론에 반드시 실려 있다. … 그녀의 인품에 관해서 특히 주목할 만한 점은 외견상 모순되는 여러 요소들이 더욱 높여진 단계에서 참으로 잘 조화되어 있는 그것이다. 즉, 신비가이면서 동시에 현실주의자, 엄격하면서도 인정있고, 습관성 질환을 가진 자로서 안정된 정서가, 여성다우면서도 남성적이고, 관상적이고 "유능한 실제가," 학식은 없으나 천재적인 저술가 – 이러한 종합이 데레사인 것이다.[8]

테레사는 가톨릭 전통에 속한 신비가이다. 그녀의 영향력은 가톨릭교회 안에서 가장 강력하다. 그런데 개신교인인 본인이 테레사를 신학적 대화의 상대자로 삼은 까닭은 무엇보다도 진리는 교파의 벽에 한정되지 않는

---

[8] 엠마누엘 르놀, 『영성의 대가: 아빌라의 성녀 데레사의 신비적 체험』, 고성 가르멜 여자 수도원 역 (왜관: 분도출판사, 2010), 123, 132.

다는 단순한 사실 때문이다. 테레사의 영향력은 현실적으로 가톨릭교회를 넘어서고 있다. 많은 개신교 신학자들과 영성가들도 이미 그녀의 영성신학에 의하여 영향을 받고 있다. 본인은 이러한 현실을 고려하면서 테레사를 나의 신학적 파트너로 선택했다. 게다가 개신교 신학도인 본인이 가톨릭 영성가인 테레사와 더불어 신학적 대화를 한다는 것은 또한 현재 전 세계적으로 일어나고 있는 신교와 구교 사이의 활발한 신학적 대화의 흐름을 존중하고 더 나아가서 진작시키고자 함이다.

본인은 이 논문에서 올바른 기독교적 영성에 대한 적절한 신학적 이해를 추구하면서 특별히 다음과 같은 세 가지 과제를 수행하고자 한다.

첫째, 나는 우선 테레사의 영성신학 사상에 대한 신학적 이해를 도모할 것이다. 나는 특별히 테레사의 영성신학이 음양 통합적 사상임을 보이고자 한다. 엠마누엘 르놀이 말한 바 "여성다우면서도 남성적인" 테레사의 인격적 특성이 실상 올바른 영성 사상은 음양 통합적 사랑 사상이라는 본 논문의 중심 주장과 맞닿아 있음을 보이고자 한다.

둘째, 나는 그와 같이 음양 통합적 사상으로 이해된 테레사의 영성신학이 과연 신학적으로 적합한지 여부에 대하여 성찰하고자 한다. 테레사 영성 사상의 신학적 적합성 여부와 관련하여 본인이 주로 살펴볼 사항은 그것이 기독교적 진리에 부합하는지의 여부, 그리고 그것이 기독교 안팎에서 널리 신뢰성을 얻을 수 있는가의 여부이다.

셋째, 위 두 단계의 논의를 거친 후 결론부에서 본인은 올바른 기독교적 영성에 대한 적절한 신학 사상이 음양 통합적 사상임을 주장하고자 한다.

제2부

아빌라의 테레사의 영성신학
: 음양 통합적 사랑 사상

제1장

아빌라의 테레사의 신학 연구를 위한 해석학적 기본 관점: 음양론

　인간의 삶에서 매우 중요한 것은 종교이다. "종교"(宗敎)의 "종"(宗)은 "마루" 곧 높다는 뜻이요, "교"(敎)는 "가르침"이란 뜻이니, "종교"는 곧 "높은 가르침"이라고 할 수 있다. 높은 가르침은 결국 진실한 삶에 관한 가르침과 다른 것이 아니다. 종교를 진실한 삶에 관한 가르침으로 이해한다면, 모든 인간은 종교적 존재라고 볼 수 있다. 왜냐하면, 모든 인간은 진실한 삶에 대하여 관심을 가지고 있기 때문이다. 모든 인간은 그의 삶의 구체적 현실은 어떠하든지 그 마음 깊은 곳에서는 진실한 삶에 대한 동경을 가지고 있다고 판단된다. 모든 인간은 중심에서 진실한 삶에 대한 가르침을 배우고자 하며, 그것을 살아 내려고 한다. 각각의 인간은 이미 현실적으로 종교적 삶을 살고 있거나, 아니면 적어도 앞으로 종교적 삶을 살고자 한다.

　종교적 삶의 본질이 진실한 삶에 있다면, 종교적 삶은 곧 영성적 삶과 직결된다. 종교적 삶의 핵심은 영성의 실현에 있다. 앞에서 살펴본 바와 같이, 영성의 핵심적 의미는 사랑의 교제 및 사랑의 교제를 통한 자기 초월인데, 이때 자기 초월이란 진실성이 없거나 부족한 삶으로부터 진실성이 있는, 더 나아가서 진실성이 충만한, 삶으로의 초월이다. 종교적 삶이 말하는 자기 초월은 생명이 있는 한 끝이 없이 계속되는 상승적 과정이다. 사도 바울의 표현을 빌리면, 그것은 하나의 단계의 영광에서 더 높은 단계의 영광으로 끝없이 전진하는 것이다(고후 3:18).

종교적 삶 곧 영성적 삶도 생명의 한 양태이다. 따라서 영성적 삶은 비록 그것이 특별한 것처럼 보인다고 해도 여전히 생명이 일반적으로 지니는 어떤 특성들을 동일하게 그대로 지니는 측면을 지닐 수밖에 없다. 생명이 일반적으로 지니는 특성들을 여러 관점에서 여러 방식으로 설명할 수 있을 것이다. 여기서 본인이 특별히 주목하는 것은 생명의 음양성(陰陽性)이다. 주역학자 김승호는 "음양의 원리가 천지자연(天地自然)의 일반적 진리"[1]라고 주장한 바 있다. 동양에서 널리 공유되고 있는 사상에 의하면, 생명은 보편적으로 음성(陰性)과 양성(陽性)의 두 측면을 지니고 있다. 『계사전』은 음양에 대하여 다음과 같이 말한다.

一陰一陽之謂道
한 번 음하고 한번 양하는 것을 이르되 도라고 하니.[2]

동양의 역(易) 사상에 의하면 만물은 활동한다. 활동은 변화를 초래한다.

---

[1] 김승호, 『주역원론』 1 (서울: 선영사, 2010), 24.
[2] 김석진, 『대산 주역강의』 3 (서울: 한길사, 2002), 54.

활동을 통한 변화, 변화를 초래하는 활동은 간단히 "역"(易)이라고 칭해진다. 변화 활동인 역이 따르는 원리는 "도"(道)라 칭해진다. 주역에 대한 해석서 중 하나인 『계사전』의 한 본문에 의하면, 변화 활동의 원리로서의 "도"(道)는 두 가지 대조적인 동시에 상보적인 성질을 내포한다. 그 두 성질 중 하나는 "음"(陰)이요, 다른 하나는 "양"(陽)이다. 음과 양은 결국 활동에 관한 문제이다. 동양 사상에서 활동력은 "기"(氣)라고 칭해진다. 곽신환이 이해한 바와 같이, "음양은 기(氣)를 말한다."[3]

그러면 음은 무엇이고 양은 무엇인가? 동양의 역(易) 사상에 의하면 음과 양을 잘 이해하는 길은 하늘과 땅의 모습을 관찰하는 것이다. 왜냐하면, 김석진이 지적한 바와 같이, "양물을 대표하는 것은 하늘인 건도(乾道)이고 음물을 대표하는 것은 곤도(坤道)"이기 때문이다.[4] 마찬가지로 이선경도 "건(乾)과 곤(坤)은 역(易)의 대표적 상징이다"라고 주장한 바 있다.[5] 다시 말해서 음의 성질은 곤(坤) 즉 땅에서 현저하게 나타나고, 양의 성질은 건(乾) 즉 하늘에서 현저하게 나타난다. 그러면 하늘과 땅의 모습은 어떠한가? 이에 대하여 김석진은 다음과 같이 말한다.

> 천부지재(天覆地載)라. 하늘은 덮고 땅은 싣는 것입니다. 곤괘는 모두가 비어 있는 상이므로 물건을 싣는 큰 수레(大輿)에 해당합니다.[6]

---

[3] 곽신환, 『주역의 이해』(서울: 서광사, 1990), 132.
[4] 김석진, 『대산 주역강의』 1 (서울: 한길사, 2000), 141.
[5] 이선경, "易의 坤卦와 유교적 삶의 완성," 『철학』 85 (2005), 35.
[6] 김석진, 『대산 주역강의』 1, 224.

"하늘은 덮는다"는 말은 즉 하늘이 땅을 덮는다는 뜻이고, 그 말은 즉 하늘이 땅에게 무언가를 베풀어 주는 입장에 있다는 뜻으로 이해된다. 반면에 "땅은 싣는다"는 말은 즉 땅은 하늘이 내어준 그것을 받아서 자기 존재 위에 그 주어진 바를 실어서 나르는 입장에 있다는 의미로 이해된다. 다시 말해서, 하늘과 땅 사이의 관계는 즉 하늘은 땅에 대하여 수여적(授與的) 활동을 하고, 땅은 하늘에 대해 수용적(受容的) 활동을 한다는 것이다. 하늘과 땅이 음과 양의 "대표적 상징"이라면, 우리는 양을 수여적 활동성으로, 그리고 음은 수용적 활동성으로 이해할 수 있다.

여기서 우리가 주목할 점은 양의 수여이든 또는 음의 수용이든 공히 활동이라는 사실이다. 만약 양만을 활동성으로, 그리고 음을 단지 비활동성으로 이해한다면, 그것은 음양론이 본래 말하는 음과 양에 대한 적절한 이해가 아니다. 올바로 이해된 음양론에 의하면, 양과 음 공히 활동을 전제로 하는 말이다. 음이나 양이나 모두 활동에 관한 것인데 음과 양을 구별하는 것은 활동에 두 가지 양태, 즉 수여의 양태와 수용의 양태가 있기 때문이다. 이선경은 음양론이 "억음존양(抑陰尊陽)의 사유"나 "남존여비(男尊女卑)의 가치관"을 뒷받침해서는 안된다고 주장하는데,[7] 이선경의 이러한 주장은 전적으로 옳다. 그동안 음양론 논의에서 양은 가치론적으로 높은 것이고 음은 낮은 것이라는 부적절한 이해나 주장이 일각에 없지 않았다. 이제는 이러한 부당한 이해나 주장은 바로 잡아야 할 때이다. 이러한

---

[7] 이선경, "易의 坤卦와 유교적 삶의 완성," 『철학』 85 (2005), 28.

부적절한 이해를 바로 잡기 위해서는 음이나 양 모두 활동에 관한 것인데, 다만 활동의 두 가지 구별되는 양태를 지시하는 말이라는 바른 이해를 갖는 것이 매우 중요하다. 그와 동시에 올바른 삶을 위해서 곤 내지 음이 건 내지 양에 못지않게 중요하다는 점을 강조하고 부각할 필요가 있다. 이러한 면에서 이선경이 음의 대표적인 괘인 곤괘(坤卦)에 대하여 다음과 같이 높은 평가를 한 것은 의미심장하다.

> 坤卦는 더 이상 수동적이고 부속적인 존재가 아니라 유가가 지향하는 인간의 길이며, 단순히 남성성에 대비되는 여성성에 국한되지 않는 보편적 가치로 재인식되어야 한다는 것이다. … 진정한 유교적 진리성은 곤괘에 있으며, 역사적으로 여성들의 삶을 통하여 몸으로 구현된 곤괘의 이상을 실은 남녀를 초월한 유교적 삶의 이상형으로 해석할 수 있다고 본다.[8]

음(陰) 내지 곤(坤)의 중요성에 대한 또 다른 강력한 표현 중의 하나는 노자 도덕경 6장에서 발견된다.

> 곡신(谷神)은 죽지 않으니 이를 일컬어 현묘한 암컷이라고 한다. 현묘한 암컷의 문을 일컬어 천지의 뿌리라고 한다. 이어지고 이어져서 항상 존재하는 것 같으니 아무리 써도 힘겹지 않다.

---

[8] 이선경, "易의 坤卦와 유교적 삶의 완성," 『철학』 85 (2005), 27, 29.

谷神不死, 是謂玄牝, 玄牝之門, 是謂天地根, 綿綿若存, 用之不勤[9]

위 인용문 중 "현빈"(玄牝)은 "현묘한 암컷"으로, 그리고 "곡신"(谷神)은 "골짜기의 신"(神) 내지 "골짜기 가운데의 빈 곳"으로 번역된다.[10] "현빈"이나 "곡신"이란 말은 현저하게 여성적 상징들이다. 노자는 "현빈"이나 "곡신"이란 여성적 상징을 통해서 무엇을 말하려고 했을까? 무위당 장일순은 노자가 그러한 여성적 상징을 통해서 의미하는 바가 "수동성"이라고 위 본문을 해석했는데,[11] 이것은 탁월한 해석이다.

장일순이 말한 "수동성"이라는 표현과 관련해서 조심해야 할 점이 있다. 우리는 이 "수동성"을 활동의 결여로 오해하지 않도록 주의해야 한다. 만약 "수동성"을 활동의 결여로 이해할 경우, 그렇게 이해된 "수동성"은 당연히 "능동성"이나 "활동성"에 비하여 열등한 것으로 이해될 것이다. 올바로 이해된 "수동성"은 활동의 결여를 말하지 않는다. 올바로 이해된 "수동성"이란 활동의 현존을 전제로 하되, 단 그 활동이 "받음"의 성격을 지니고 있음을 뜻한다. 이렇게 이해된 "수동성"에 비하여 "능동성"은 "내어 줌"의 성격에서의 활동을 가리킨다. 그러므로 활동은 "수동성"과 "능동성"의 양 측면을 지니는 것으로 이해되는 것이다. 아래에서 좀 더 자세히 설명하겠지마는, 나는 노자가 말하는 "현빈" 내지 "곡신"의 "수동성"

---

[9] 이현주, 『무위당 장일순의 노자 이야기』 (서울: 삼인, 2009), 106.
[10] 왕필, 『주역 왕필주』 임채우 역, (강릉: 길, 1998), 63.
[11] 이현주, 『무위당 장일순의 노자 이야기』, 108.

을 음양론에서의 "음"(陰)으로 이해하고자 한다. 물론 "능동성"은 "양"(陽)으로 이해된다.[12]

결국 노자가 위 본문에서 강조하고자 한 것은 수동적 활동으로서의 "음"(陰)의 위대성이다. "음"(陰)이 없이는 생명이 성립 불가하다는 것이다. 노자는 이 점을 "곡신"이 "천지의 뿌리"가 된다는 식으로 표현했다. 노자의 이러한 표현은 편견을 가지고 "음"을 부당하게 업신여기고 "양"만을 높이는 세상의 오류를 바로 잡기 위해서 필요하다. "곡신" 즉 수동적 활동은 과연 위대하다.

그러나 그렇다고 해서 "양"이 없이 "음" 홀로 생명 성립의 원리가 된다고 주장한다면, 이것은 또 다른 오류가 된다. 음과 양은 둘 다 함께, 더불어서, 생명의 원리가 된다고 보는 것이 올바른 이해이다. 엄밀한 의미에서 말하자면, 생명의 진리는 단지 음 내지 곤괘에만 있는 것이 아니요, 또 단지 양 내지 건괘에만 있는 것도 아니다. 생명의 진리는 곤괘와 건괘, 음과 양, 모두에게 있다. 다만 그동안 음양론과 상관해서 일각에 있어 왔던 "억음존양(抑陰尊陽)의 사유"나 "남존여비(男尊女卑)의 가치관"을 바로잡기 위해서는 노자처럼, 이선경처럼, 음 내지 곤에 대한 교정적(矯正的) 강조를 시도하는 것이 필요하다. 보다 정확히 말하자면, 참된 삶의 실현을 위해서는 건과 곤, 음과 양 모두가 진리이고 모두가 중요하다.

주역의 사상에서 건과 곤, 음과 양은 가치론적으로 우열이 없는 대등한

---

[12] 음을 수동성으로, 양을 능동성으로 이해한 또 다른 역학자는 김석진이다. 참고, 김석진, 『대산 주역강의』1 (서울: 한길사, 2000), 67. "양은 능동적이고 음은 수동적인 것이죠."

상보적 진리요, 양자 모두 중요하다. 이 점은 주역의 경문(經文)에서 건과 곤에 대하여 기술한 부분을 비교해서 살펴보면 잘 알 수 있다.

건(乾)은 크게 형통하고 이롭고 곧으니라.
乾은 元코 亨코 利코 貞하니라.[13]

곤은 크게 형통하고, 암말의 곧음이 이로우니.
坤은 元亨하고 利牝馬利之貞이니.[14]

주역 경문은 "건"(乾)에 대하여 "乾元亨利貞"이라고 말하고, 또 "곤"(坤)에 대하여 "坤元亨利牝馬利之貞"이라고 말하고 있는데, 사실상 이 두 진술의 중심 내용은 동일하다. 둘 사이의 차이가 있다면, 경문이 건(乾)과 달리 곤(坤)에 대하여 "빈마"(牝馬) 즉 "암말"이라는 여성적 상징을 첨부하고 있다는 사실뿐이다. 이러한 첨부는 "곤"(坤)이 "음성"(陰性) 내지 "여성성"(女性性)을 지니고 있음을 나타내는 목적 이외에 다른 것이 없다. 주역 경문은 건과 곤 사이에 존귀성이나 가치성에서 우열이 있다고 전혀 말하지 않는다. 오히려 건과 곤 양자 공히, 그리고 대등하게, "원형이정"(元亨利貞)의 존귀한 특성을 지닌다.

그러므로 인생은 남녀 불문하고 참된 삶의 실현을 위해서 음과 양, 곤과

---

[13] 왕필,『주역 왕필주』, 21.
[14] 왕필,『주역 왕필주』, 39.

건 양자 모두를 존중하고, 그 양자의 특성을 조화롭게 지녀야 한다. 이와 관련하여 김석진의 다음 주장은 숙고할 만하다.

> 양은 동하는 것이기에 양이 먼저 음을 찾아가고 음은 양의 기운을 받아 만물을 잉태합니다. 양은 능동적이고 음은 수동적인 것이죠. … 하늘은 양이고 땅은 음이며, 해는 양이고 달은 음이며, 낮은 양이고 밤은 음이며 … 또 사람으로 말하면 남자는 양이고 여자는 음이며, 아버지는 양이고 어머니는 음이며 … 음은 반드시 양을 필요로 하고 양은 반드시 음을 필요로 하므로 음 속에는 양이 들어 있고 양 속에는 음이 들어 있습니다. … 음양이라는 것이 한 때 음이 되고 한때는 양이 되기 때문에 늘 음일 수 없고 늘 양일 수 없습니다. 늘 그 자리에만 있을 수 없는 것이죠. … 사람 역시 나와 남의 양자관계가 음양입니다. 나 속에 남이 들어 있고 남 속에 내가 들어 있죠.[15]

"음양이라는 것이 한때 음이 되고 한때는 양이 되기 때문에 늘 음일 수 없고 늘 양일 수 없습니다"라는 김석진의 위 주장에 의하면, 남자이든 여자이든 단지 양의 자리에만 있거나 혹은 단지 음의 자리에만 있을 수는 없는 것이다. 남자는 자주 양의 자리에 처하지만, 또한 수시로 음의 자리에 처하게 된다. 마찬가지로 여자도 자주 음의 자리에 처하지만, 또한 수시로

---

[15] 김석진, 『대산 주역강의』 1, 67 이하.

양의 자리에 처하게 된다.

　양을 자주 남자와 연관시키고, 음을 자주 여자와 연관시키는 것은 자녀 출산이라는 인간의 원초적 사실과 관련하여 남자와 여자의 역할이 뚜렷이 구별되어 나타나기 때문일 것이다. 전통적으로 남자는 씨를 심고 여자는 씨를 받아 생명을 잉태한다는 이해가 있어 왔다. 이러한 이해로 말미암아 동양의 음양론은 양을 남성에, 음을 여성에 연관시켜 왔다. 나는 저 원초적인 사실에 바탕하여 이루어지고 있는 남과 여에 대한 전통적인 음양론적 언어를 존중한다. 그러나 음은 여성에, 양은 남성에 단순하고도 불변적으로 배당시키는 것은 옳지 않다. 전통적 음양론 사상은 양 속에 음이 내재해 있고, 음 속에 양이 내재해 있음을 이미 잘 간파하고 있다. 이러한 사실은 태극 문양에도 나타나 있다. 태극 문양은 음 문양 부분과 양 문양의 두 부분으로 구성되어 있다. 그런데 자주 관찰되는 사실은 양의 문양 안에 작은 형태로 음이 또한 그려져 있는 것과, 음의 문양 안에 작은 형태로 양이 또한 그려져 있다는 것이다. 이 점은 중요한 진리를 암시한다. 그 진리란 즉 어떤 주체자의 활동이 어느 한 순간 음 또는 양의 상태에 있다고 해도 그것이 계속 그 상태에만 머물러 있지 않는다는 것이다. 그것은 이내 그 반대 상태로, 원래 음이면 양으로, 원래 양이면 음으로, 넘어간다는 것이다. 이러한 진리를 김석진은 위 인용문에서 "음양이라는 것이 한때 음이 되고 한때는 양이 되기 때문에 늘 음일 수 없고 늘 양일 수 없습니다"라고 표현하고 있다. 이 동일한 진리를 유학자 김기는 "전화"(轉化)라는 말로 다음과 같이 표현하고 있다.

음양관계는 인식의 측면에서는 대대관계로 파악되지만, 변화의 측면에서는 전화관계(轉化關係)를 가진다. 음과 양은 고정된 모습을 보이지 않고 끝없이 역동적인 모습으로 변화를 구사해간다. 『계사전』의 "일음일양위지도"(一陰一陽之謂道)는 전화의 원리를 설명하는 말로도 풀이할 수 있다. 즉 "한 번은 음이 되고 한 번은 양이 되는 것을 '도'라고 한다"고도 풀이할 수 있다. 이는 음은 양으로 양은 다시 음으로 끝없이 변화를 구사해간다는 의미로도 해석할 수 있다.[16]

그러므로 양이 자주 남성에게서 상징되고 음이 자주 여성에게서 상징된다고 할지라도, 우리는 김기가 지적한 "전화"(轉化)의 원리에 따라서 남성과 여성 공히 음성(陰性)과 양성 모두를 지니고 있다고 보아야 한다. 이 점은 우리의 일반적 경험과 음과 양의 근본 의미를 살펴보면 더욱 확실해진다.

모든 인간이 보편적으로 경험하는 것은 우리의 삶이 관계 속의 삶이고, 관계란 영향을 주는 측면과 영향을 받은 측면의 두 측면을 갖고 있다는 것이다. 영향을 주는 관계는 수여성(授與性)의 관계, 영향을 받은 관계는 수용성(受容性)의 관계라고 칭할 수 있다. 음양론에서의 음(陰)은 관계에서의 수용성(受容性)을, 양(陽)은 관계에서의 수여성(授與性)을 뜻하는 것이다. 음은 받는 활동을, 양은 주는 활동을 가리킨다.

여성의 현저한 특징을 받음이라고 보는 견지에서 음성을 여성성이라고

---

[16] 김기, 『음양오행설의 이해』 (서울: 문사철, 2016), 26 이하.

칭하기도 한다. 양성은 수여성(授與性), 즉 주고받는 관계 중에서 주는 활동을 뜻한다. 남성의 현저한 특징을 줌이라고 보는 견지에서 양성은 남성성이라고 할 수 있다. 그런데 여성은 받는 입장에만 있는 것이 아니라 주는 입장에도 서게 되므로, 여성도 음성과 함께 양성을 지닌다. 마찬가지로 남성도 주는 입장에만 있는 것이 아니라 받는 입장에도 서게 되므로, 남성도 음성을 지닌다. 남자 여자 불문하고 모든 사람은 여성성과 남성성의 양성을 지니고 있다. 남자든 여자든 모두 건강한 음성과 건강한 양성을 갖추어야 하며, 또한 음성과 양성을 상호 잘 통합하고 조화시킬 수 있어야 한다. 그것이 사랑이다. 그것이 진실한 삶, 곧 참된 영성의 실현이다.

송성진은 존재자들 사이의 관계를 간단히 "수수"(授受)의 사건이라고 칭하는데,[17] 음양론적인 언어로 말하면 "수"(授)는 "양"(陽)을, "수"(受)는 "음"(陰)을 말한다. 그리고 "수"(授)의 입장은 곧 바로 "수"(受)의 입장으로, 그리고 "수"(受)의 입장은 곧 바로 "수"(授)의 입장으로 바뀌게 된다. 게다가 주는 활동이 없다면 받을 수 없고, 받는 활동이 없다면 줄 수도 없다. 이런 의미에서 "수"(授)와 "수"(受), "양"(陽)과 "음"(陰)은 "상호의존함" 내지 "상보"(相補)의 관계 속에 있다. 그러므로 음양론이 말하는 "양"(陽)과 "음"(陰)은 생명의 기본 원리요, 따라서 사랑의 기본적 원리라고 말할 수 있다.

---

[17] 송성진, 『예수 그리스도』 (서울: CLC, 2015), 50.

제2장

아빌라의 테레사의 영성신학에서의 음양 통합성

테레사가 이해하는 기독교 영성의 본질은 사랑이다. 테레사는 사랑의 결여가 불완전 곧 완전의 결여라고 말한다.[1] 이것을 뒤집어서 말하면, 완전은 다름 아니라 사랑의 현존인 것이다. 테레사는 사랑을 음양적으로 이해한다. 테레사가 보기에 사랑의 사건 안에 음성과 양성은 서로 구별되면서 또한 서로 조화되고 통합된다. 음성 측면의 사랑은 내가 상대방으로부터 받는 사랑이다. 양성 측면의 사랑은 내가 상대방에 대하여 베푸는 사랑이다. 사랑은 항상 받는 입장, 즉 음의 입장에만 설 수 없다. 사랑은 또한 내어주는 양의 입장에 서야 한다. 사랑은 또 항상 주는 입장, 즉 양의 입장에만 설 수 없다. 사랑은 또한 받는 음의 입장에 서야 한다. 이것은 하나님과의 사랑의 관계에서도 그러하고, 동료 피조물과의 사랑의 관계에서도 그렇다.

---

1 테레사, 『영혼의 성』, 124-130.

1. 인간의 하나님과의 관계에서의 음양 통합성

테레사는 사랑의 음성과 사랑의 양성을 각각 마리아와 마르다의 은유를 통해서 다음과 같이 비유적으로 표현한다.

> 즐기기 위해서가 아니라 오직 섬길 힘을 얻기 위해서 기도 중에 이 뜻을 두고 열심히 빕시다. … 마리아와 마르다는 나란히 같이 가야 합니다. 그래야만 주님을 잘 모시고 항상 당신 곁에 있을 수 있습니다.[2]

테레사가 마리아와 마르다를 언급할 때에 그녀는 누가복음 10장을 염두에 두고 있을 것이다. 해당 본문은 다음과 같다.

> 그들이 길 갈 때에 예수께서 한 마을에 들어가시매 마르다라 이름하는 한 여자가 자기 집으로 영접하더라 그에게 마리아라 하는 동생이 있어 주의 발치에 앉아 그의 말씀을 듣더니 마르다는 준비하는 일이 많아 마음이 분주한지라 예수께 나아가 이르되 주여 내 동생이 나 혼자 일하게 두는 것을 생각하지 아니하시나이까 그를 명하사 나를 도와 주라 하소서 주께서 대답하여 이르시되 마르다야 마르다야 네가 많은 일로 염려하고 근심하나 몇 가지만 하든지 혹은 한 가지만이라도 족하니라 마리아는 이 좋은 편을

---

2 테레사, 『영혼의 성』, 279.

택하였으니 빼앗기지 아니하리라 하시니라(눅 10:38-42).

여기서 마리아는 그리스도로부터 그분이 주시는 진리의 말씀, 사랑의 능력을 받아들이는 음의 입장에 있다. 반면에 마르다는 예수님에게 식사를 대접해 드리는 양의 입장에 있다. 테레사가 "마리아와 마르다는 나란히 같이 가야 합니다"라고 말할 때에 그녀의 의도는 즉 인생의 주님과의 관계에서 음과 양이 통합되어야 한다는 것이다.

인간은 하나님과의 관계에서는 먼저 음의 자리, 여성성의 자리에 서게 된다. 먼저 인간은 하나님께로부터 받지 않고서는 아무것도 하나님께 드릴 것이 없기 때문이다. 양성성 통합의 논리적 순서는 음성이 먼저이고 양성이 그 다음이다. 먼저 마리아이고 그 다음이 마르다이다. 음의 자리는 인간이 하나님께로부터 은혜와 사랑을 받는 자리이다. 그 다음 이어지는 양의 자리는 인간이 하나님께 받은 바 사랑을 돌려 드리는 자리이다. 인간이 하나님께로부터 먼저 받음이 없이는 하나님께 되돌려 드릴 어떤 내용도, 어떤 능력도 없다. 논리적 순서는 먼저 하나님의 은혜를 받는 것이요, 그 다음에 하나님에 대하여 올바른 응답을 하는 것이다. 주어진 순간에 따라서, 혹은 하나님에 대한 마리아적 음적 관계가 보다 더 두드러지게 나타날 수도 있고, 혹은 마르다적 양적 영성이 보다 더 두드러지게 보일 수도 있다. 그러나 그 둘이 함께 있어야 한다.

인간이 하나님과의 관계에서 음양적이라면, 하나님 자신도 인간과의 관계에서 음양적이어야 할 것이다. 인간이 하나님에 대하여 음의 자리에 있을 바로 그때는 하나님은 인간에 대하여 양의 자리에 계셔야 할 것이다. 인간이 하나님께로부터 받음은 하나님이 인간에게 주심을 전제로 하기 때문이다. 인간이 하나님에 대하여 양의 자리에 있을 바로 그때는 하나님은 인간에 대하여 음의 자리에 계시게 된다. 하나님이 받으시지 않는다면, 인간이 그분께 드릴 수 없기 때문이다.

흥미롭게도 하나님의 이름 "야훼" 그 자체가 음양적임을 암시하는 주장이 있다. 리처드 로어(Richard Rohr)는 다음과 같이 말한다. "거룩한 이름 야훼는 들숨과 날숨의 소리이다."[3] 들숨은 음이요, 날숨은 양이다. "야훼"의 "야"가 들숨이라면 그것은 음이요, "야훼"의 "훼"가 날숨이라면 그것은 양이다. "야훼"라는 이름에 대한 로어의 이러한 해석은 하나님 자신이 음성과 양성을 지니고 계심으로 따라서 피조물과 더불어 음양적 관계를 맺으실 수 있다는 우리의 생각을 뒷받침해준다.

현대의 영향력 있는 신학 사상들 중의 하나는 과정신학이다. 과정신학도 하나님이 음과 양의 양성적 성격을 지닌 분으로 이해한다. 과정신학자 존 캅(John Cobb, Jr.)과 데이비드 레이 그리핀(David Ray Griffin)은 다음과 같이 말한다.

> 과정신학의 쌍극적 신 개념 (dipolar notion of deity)은 도교의 도(道) 개념과 상당히 유사하다. 도교의 도 개념에 의하면, 실재의 "여성적"(feminine) 차

---

[3] 리처드 로어, 『불멸의 다이아몬드』, 김준우 역 (서울: 한국기독교연구소, 2015), 54. 각주 18을 참고하라.

원과 "남성적"(masculine) 차원 (음 차원과 양 차원)은 완전하게 서로 통합되어 있다. 도는 천천히, 드라마틱하지 않게, 작용하는 힘이다. 그러나 그것은 궁극적으로는 실재에서 가장 효과적인 작용력이다. 도교의 도 개념에 아쉬운 측면들이 있기는 하지마는, 그러나 그것은 어떤 중요한 요소를 내포하고 있는데, 이 요소는 항상 기독교적 비전의 한 부분이 되어 마땅한 것이다.[4]

우리는 여기서 과정신학의 신 개념이나 도교의 신 개념에 대하여 길게 논할 수 없다. 다만 우리가 주목하고자 하는 것은 도교 등 동양의 주류적 사상에서뿐만 아니라 과정신학과 같은 서양의 현대신학 사상 안에 하나님에 대한 음양적 이해가 들어 있다는 사실이다. 과정신학자 존 캅과 데이비드 그리핀이 보는 하나님의 "양성"(陽性)과 "음성"(陰性)이란 곧 하나님의 "창조적 활동"(creative activity)과 "공감적 응답성"(sympathetic responsiveness)이다.[5]

인간이 하나님에 대한 음양적 관계를 갖는 일이 가능하려면, 그 관계의 상대자인 하나님의 존재도 그러한 성격을 지니고 있어야 한다. 만약 하나님 자신이 음양적 존재 성격을 지니고 있지 않다면, 인간의 하나님에 대한 음양적 활동은 성립이 불가능하게 된다. 과정신학이나 도교 등이 보는 실

---

[4] John Cobb Jr. and David Ray Griffin, *Process Theology: An Introductory Exposition* (Philadelphia: The Westminster Press, 1976), 62.
[5] John Cobb Jr. and David Ray Griffin, *Process Theology: An Introductory Exposition*, 62.

재관에 의하면, 궁극적 실재 자신도 음양적 성격을 지니고 있다. 그리고 나의 판단에 의하면, 비록 테레사가 세련되고 조직적인 신론을 형성하지는 않았지만, 하나님과 인간 사이의 관계에 대한 그녀의 글이 암시하는 것은 음양적 신관이다.

테레사의 사상에서 하나님과 인간 사이에 음(陰)과 양(陽)의 상호수수적 관계가 있게 될 때에 그 종국적 목적은 하나님과 인생 사이의 사랑의 합일이다. 사랑의 합일은 하나님과 인생 양자 모두가 서로를 향해 갖는 목적이다. 하나님이 인생과 합일하려면 인생은 변화되어야 한다. 인생의 변화는 하나님의 변화의 능력에 의해서 이루어진다. 하나님은 인생의 영혼의 중심에 거하시면서 인생을 향하여 변화의 양적(陽的) 운동을 하신다. 하나님이 거하시는 곳은 제7궁방이다. 이곳은 인생의 영(靈)에 해당하는 자리이다. 하나님은 영에 대하여 사랑의 빛과 불을 부으시고, 그 빛과 불은 영으로부터 혼(魂)에게 전해지고, 나중에는 몸에까지 전해진다.

1) 인간의 하나님과의 관계: 음의 자리와 양의 자리

인간은 하나님의 피조물이다. 따라서 인간은 하나님과 더불어 항상 그리고 불가피하게 어떤 관계를 맺으면서 살게 된다. 인간의 하나님에 대한 관계는 두 가지 양태를 지닌다. 다시 말해서 인간은 하나님과의 관계에서 때로는 음의 자리에 서고, 또 때로는 양의 자리에 서게 된다. 나는 먼저 하나님에 대하여 음의 자리에 있는 인간에 대하여, 그리고 그 다음에 하나님에 대하여 양의 자리에 있는 인간에 대하여, 순서적으로 고찰하고자 한다.

인간의 하나님과의 관계를 생각해 보면, 인간은 하나님에 대하여 우선 음(陰)의 자리에 있음이 보인다. 음(陰)과 양(陽)은 상보적인 개념이므로, 인간이 하나님과의 관계에서 음의 자리에 있다는 것은 곧 그 동일한 순간에 하나님은 인간과의 관계에서 양의 자리에 있다는 것을 의미한다. 하나님에 대하여 음적, 여성적 입장에 서 있는 인생이란 곧 하나님이 그 사람의 존재 안에 양적(陽的), 남성적으로, 내주하시고, 활동하시는 그런 인생이다.

이때의 상황은 마치 아버지와 어머니가 자식을 잉태하고 양육 출산하는 것과 같다. 테레사는 『하느님 사랑에 관한 생각』에서 다음과 같은 비유를 말한다.

> 만일 시골 처녀가 임금님과 결혼하여 아이를 낳는다면, 아이들은 왕가의 혈통을 받지 않겠습니까? 그러니 만일 우리 주님께서 우리 영혼에게 참으로 많은 은혜를 베푸셔서 당신과 그 영혼이 이처럼 떨어질 수 없을 정도로 하나가 되게 합쳐주신다고 합시다. 그러면 이 영혼이 잘못을 범하지 않는 한, 그 결실로 얼마나 훌륭한 소망과 놀라운 효과와 영광스런 행위가 생겨 나겠습니까?[6]

---

[6] 데레사, 『아빌라의 성녀 데레사 소품집』, 부산 가르멜 여자 수도원 역 (왜관: 분도출판사, 1997), 240.

테레사가 하나님과 영혼 사이의 관계를 임금님과 시골 처녀 사이의 결혼에 비유한 것은 놀라운 발상이다. 위 비유에서 "임금님"은 물론 하나님을 가리킨다. 그리고 "시골 처녀"는 우리의 영혼을 가리킨다. 임금님이신 하나님이 시골 처녀와도 같은 우리와 결혼을 한다는 것은 하나님과 우리 영혼 사이의 사랑의 합일이 있게 됨을 말한다. 테레사에 의하면, 신랑이신 하나님과 신부인 영혼 사이에 사랑의 합일이 있게 되면, 그 합일로 말미암아 태어나는 "아이"가 있게 된다. "아이"라는 상징은 다양한 가능한 의미를 지닐 수 있겠지만, 그중에서도 분명한 의미는 변화된 자아이다. 영혼과 하나님 사이의 사랑의 합일로 말미암아 생겨나는 것은 참된 자아, 신화(神化)된 자아이다. 신화된 자아라는 아이가 출생하고, 그 출생한 아이가 자라기 위해서는 아버지도 필요하고 어머니도 필요한데, 하나님이 그 아버지이시오, 영혼이 그 어머니이다. 여기서 묘한 것은 해당 영혼은 아이의 어머니가 되는 동시에 또한 그 새롭게 태어나는 아이가 된다는 것이다. 이것이 가능한 것은 영혼은 하나님과의 사랑의 합일 속에서 이전의 모습 그대로 남아 있지 않고 변화된 자아로 새롭게 출생하기 때문이다. 이러한 일이 가능하기 위해서 먼저 하나님 편에서 당신 자신을 영혼 안에 심어 주시는 일이 있다. 이것은 곧 하나님 편에서의 영혼을 향한 양적 운동이다. 다른 한편 영혼 편에서는 그 임하신 하나님을 받아 모시는 일이 있다. 이것은 영혼 편에서의 하나님을 향한 음적 운동이다. 이와 같이 하나님과 영혼 사이의 음양적 상호 교통과 합일로 말미암아 새로운 자아, 참된 신적 자아가 이 세상에 출현하게 된다.

테레사의 위와 같은 사상은 현대 신학 사상에 의해서도 어렵지 않게 뒷받침될 수 있다. 예를 들어서 유니온신학교의 교수인 앤 벨포드 울라노프(Ann Belford Ulanov)는 종교 경험을 영적 출생으로 다음과 같이 설명한 바 있다.

> 종교 경험에 대한 우리의 반응은 아기가 출생할 때의 산모의 반응과 비슷하다. 그녀는 그렇게도 선한 어떤 존재가 자신으로부터 나왔다는 사실에 대하여 놀라게 된다. … 영이 모든 사람들 중에서 우리의 안에 씨를 심었다. 그리고 그것이 뿌리를 내렸다. … 우리는 이제 하나님을 우리 육체 안의 원초적 현존으로 알게 되며, 또 하나님이 우리 존재 안 즉 우리의 인격 안에서 태어났음을 안다.[7]

울라노프의 위 주장은 잘 새겨서 들어야 한다. 하나님이 "우리의 인격 안에서 태어난다"라는 울라노프의 주장은 하나님의 존재 그 자체의 탄생을 말하는 것이 물론 아니다. 그것은 즉 하나님의 현존을 받아 들임으로써 변화된 영혼은 이 세상에서 하나님의 현존을 드러낼 수 있다는 의미이다. 이것은 성화 내지 신화된 존재가 하나님의 형상이 된다는 기독교의 전통적 가르침에 부합한다. 그리고 이것이 또한 테레사가 시골 처녀와 임금님 사이의 결혼의 비유로써 표현하고자 하는 동일한 진리라고 판단된다.

---

[7] Ann Belford Ulanov, *Receiving Woman* (Philadelphia: The Westminster Press, 1981), 109, 114.

새로운 신적 자아의 출현을 위해서는 하나님과 인간 사이에 상호 협력이 있어야 한다. 마치 한 아기의 탄생을 위해서 아버지와 어머니의 협력이 있어야 하는 것처럼 말이다. 하나님은 인간 영혼 안에 임하시어 내주하심으로써 결국 그 영혼 안에 신령한 새로운 자아가 잉태되게 하신다. 결국 하나님이 신령한 새로운 자아의 출생의 근본 원인이 되신다. 비록 하나님이 신령한 새로운 자아의 출생의 근본 원인이 되시지만, 그러나 그 일은 하나님 혼자만의 힘으로 이루어지지 않는다. 인간 편에서의 동의와 협력이 있어야 한다. 인간 영혼이 자기 안에 임하신 하나님의 내주하심을 마치 산모처럼 받아 모셔야 한다. 영혼은 신령한 자아의 잉태, 성장, 출생 등의 모든 국면에서 하나님과 협력해야 한다, 영혼이 하나님과 협력할 때의 기본 자세는 기본적으로 수동성, 음성을 띠게 된다. 영혼은 자기 자신이 나서기보다 하나님이 하시도록 하는 것이 이 큰 일을 잘 이루어내는 비결이다. 이와 관련하여 테레사는 다음과 같이 말한다.

> 이런 상태에 있는 영혼이라면 생각을 적게 하고 애를 덜 쓸수록 하는 일이 많다는 것입니다. 우리가 해야 할 일은 마치 아쉬운 가난뱅이처럼, 위대하시고 부유하신 임금님 앞에서 비는 일로서, 일단 빌고는 눈을 내리뜬 채 겸손히 기다리는 것입니다. 우리가 비는 바를 어떠떠한 길로 들어 주시는지 몰라도 들어주시는 것만은 분명하다면, 그때 우리는 잠자코 있는 것이 좋을 것입니다. … 무엇이 우리에게 필요한가를 당신이 아시기 때문입니다. 하느님께서 한계를 지어두시고 당신 스스로 보류하고 계시는 일

에 인간이 힘쓴다 해서 무엇이 이루어지리라고 나는 도저히 믿을 수 없습니다.[8]

위 인용문에 나타난 영혼의 상태는 하나님의 은혜로우신 주도하심에 대한 탁월한 수용성, 음성이다. 탁월한 수용성이 놀라운 결과를 가져온다. 그것은 하나님 자신이 이루시는 결과이므로 놀라울 수밖에 없다.

새로운 신적 자아의 출현을 위하시는 하나님의 양적 활동은 비단 잉태에 한정되지 않는다. 하나님의 잉태 활동을 이내 양육 활동으로 이어진다. 이에 대한 테레사의 비유는 젖을 먹이시는 하나님이다.

영혼은 날마다 더 큰 은혜를 받기에 맞갖게 되도록 신랑이 주시는 저 신적인 젖을 먹고 자라며 더 튼튼해지면서, 기뻐하는 것 밖에는, 무엇을 어떻게 해야 할지 모릅니다. … 작은 아이는 자기가 어떻게 크는지, 또는 어떻게 젖을 먹게 되는지 모릅니다. 자기가 젖을 빨지도 않고 아무것도 안하는데 종종 입 안으로 젖이 흘러들어오니까요. 여기서도 이처럼 영혼은 아무것도 모릅니다. 영혼은 이 커다란 축복이 어떻게 오는지 또 어디서 오는지 모르며, 또한 이해할 수도 없습니다. … 영혼은 자기를 가르쳐 주시는 스승의 모습이 보이지는 않지만, 그분한테서 위대한 진리를 배웁니다. 그리고 덕을 갖추어 의연해지고, 자기를 잘 아시며 또 자기를 위해 이런 일들

---

[8] 테레사, 『영혼의 성』, 93 이하.

을 해주실 분의 사랑을 받으며 지냅니다. 영혼은 그분의 은총을, 어머니가 아이에게 젖을 주며 쓰다듬어 주는 그 위대한 사랑에 비하지 않는다면 무엇에 비해야 좋을지를 모릅니다.[9]

테레사의 윗글은 매우 흥미롭다. 젖을 주시는 하나님을 처음에는 "신랑"에 비유하다가 나중에는 "어머니"에 비유한다. 인간의 보편적 경험에 의하면 젖을 주셔서 양육해 주시는 분은 "어머님"이지 "신랑"이 아니다. 테레사의 『하느님 사랑에 관한 생각』은 아가서에 대한 그녀의 신학적 해석으로서 총 일곱 장으로 구성되어 있다. 일곱 장 전체에 걸쳐서 이 책의 중심적인 은유는 신랑과 신부의 사랑이다. 테레사는 이 책에서 하나님과 인간 영혼 사이의 사랑을 신랑과 신부 사이의 사랑에 비유할 수 있다는 것이다.

그런데 하나님이 당신과의 사랑의 연합을 통해서 새로이 탄생하게 된 신령한 인간 자아를 또한 양육하시기도 한다는 주제를 다루게 됨에 이르러서 앞에서 사용해 오던 주님에 대한 "신랑"이라는 은유를 갑자기 무시할 수도 없으므로 "신랑"이 "젖"을 먹이듯이 새로운 자아를 양육한다는 주장을 하기에 이른 것이다. 그러나 "신랑"의 "젖"이란 표현은 매우 어색한 것이어서 테레사는 결국 "어머니"와 같은 하나님이 젖을 먹이신다고 말을 바꾸기에 이른 것이다.

---

[9] 데레사, 『아빌라의 성녀 데레사 소품집』, 248 이하.

이러한 변화는 사실상 별문제가 없다. "신랑"이든 "어머니"든 어차피 비유이기 때문이다.[10] 다만 여기서 우리의 음양 개념과 상관하여 주목할 점은 여성적 은유인 "어머니"가 여기서는 관계의 음 측면을 가리키기 위해서 사용되지 않고 양 측면을 가리키기 위해서 사용되고 있다는 것이다. 이와 관련하여, 앞에서 이미 밝힌 바와 같이, 음성 내지 여성성은 단지 여성에게만이 아니라 남녀 모두에게 공통적으로 속한 것이요, 또 그와 같이 양성 내지 남성성도 단지 남성에게만이 아니라 남녀 모두에게 공통적으로 속한 것임을 다시 한번 환기시키고자 한다.

위 인용문에 의할 경우, 하나님이 새롭게 잉태된 신령한 자아를 양육시키신다고 할 때에 그 구체적인 내용과 관련하여 "그분한테서 위대한 진리를 배웁니다. 그리고 덕을 갖추어 의연해지고"라고 말한다. 다시 말해서 양육의 구체적인 내용은 "진리"를 가르쳐 주시고 "덕"을 함양시켜 주시는 것이다. 진리와 덕의 구체적인 내용은 무엇일까? 진리는 여러 차원, 여러 측면이 있으니 진리 전체를 온전하게 다 아는 것은 이 세상에서 육체를 입고 사는 인생에게는 불가능한 일이다. 진리 전체를 온전하게 아는 것은 불가능하더라도 새로운 신령한 자아가 알아야 할 기본적인 진리 몇 가지는 있을 것이다. 그 기본적인 진리들은 무엇일까? 그중 한 가지는 하나님 만이 영원한 존재, 궁극적 실재이시오, 그 밖의 모든 피조물은 그렇지 못하

---

[10] 셀리 맥페이그는 모든 신학적인 언어는 은유임을 주장한다. 그녀는 하나님에게 남성적, 여성적 은유를 모두 사용해야 한다고 주장하면서, 하나님에 대한 은유로 '어머니, 연인(lover), 그리고 친구'의 세 가지를 제시한다. Sallie McFague, *Models of God: Theology for an Ecological, Nuclear Age* (Philadelphia: Fortress Press, 1988) 제4-6장을 보라.

다는 진리이다. 테레사는 다음과 같이 말한다.

> 백부님 댁에는 잠깐 머물렀으나 거기서 읽고 들은 하느님의 말씀과 거룩한 분들과 함께 지낸 일들이 내 마음에 깊이 새겨져 어렸을 적에 배운 진리를 좀 더 확실히 터득했고 지상 것의 허무함과 덧없는 세속의 하루살이 인생 등 여러 모로 깨치는 바 컸습니다.[11]

> 하느님께서 어느 영혼에게 이 세상이 무엇인지 그 실상을 똑똑히 알게 해주시고, 그리고 그에게 다른 세상이 있다는 사실을 알려주시어 이승과 저승, 영원한 저 세상과 꿈결 같은 이 세상의 차이를 알게 해주시고, … 창조주는 누구시며 피조물은 무엇인지를 가르쳐주실 때, … 주께서 이 경지에 도달하게 하신 사람들은 그 영혼이 너그럽고 왕자연하여서 우리 육체와 같이 하잘것없는 것은 제아무리 아름답고 제아무리 매력이 있어도 그 사랑으로는 마음이 차지 않습니다. … 순수한 사랑을 가진 이들에게는 그런 따위를 사랑하는 것이 실상 없는 것을 사랑하는 것이요, 그림자를 사랑하려고 덤비는 것이나 마찬가지일 것입니다.[12]

이 우정을 통해서 위대한 진리들이 영혼에게 전달된다는 말만 하고 그 이상은 자세히 설명하고 싶지 않습니다. … 이 빛은 영혼을 어리둥절하게

---

[11] 데레사, 『천주 자비의 글』, 서울가르멜여자수도원 역 (서울: 분도출판사, 2009), 25.
[12] 데레사, 『완덕의 길』, 87 이하.

하고 – 영혼은 이 빛을 이해하지 못하니까요 – 세상의 허무함을 깨닫게 해 줍니다.[13]

테레사가 사람들을 통해서 간접적으로 또는 친구 같으신 주님에 의해서 직접적으로 배워 알게 된 진리는 세상 만물이 "실상 없는 것," "그림자"와 같은 것, 요컨대 "세상의 허무성"(the vanity of the world)이다.[14] 하나님은 세상과 대조적인 성격을 지닌다. 세상은 무상하나 하나님은 영원한 궁극적 실재이다. 테레사가 지은 시 중에서 이러한 진리를 잘 표현하는 작품으로 "인내의 효용"이라는 제목의 시가 있다.

인내의 효용

그 무엇으로도 그대 마음 어지럽게 하지 마라.

그 무엇으로도 그대 겁내지 마라.

모든 것은 무상하게 사라지는데,

하나님 홀로 변함이 없으시도다.

인내로써 모든 것을 얻는다.

---

13 데레사, 『아빌라의 성녀 데레사 소품집』, 247.
14 Teresa of Avila, *The Collected Works of Saint Teresa of Avila*, Vol. 2. trans. by Kieran Kavanaugh and Otilion Rodriguez (Washington D. C.: ICS Publications, 1980), 244.

> 하나님을 소유하는 자는 아무 부족한 것 없으니,
> 이는 하나님 한 분만으로 충분함이로다.[15]

하나님 존재의 영원성과 세상 존재의 무상성의 성격을 고려하여 하나님께 대하여 궁극적, 절대적 사랑을 드리고, 피조물들에 대하여는 그 덧없는 성격에 합당한 방식으로 대함이 인생이 깨달아야 할 진리의 또 다른 측면이다. 이와 관련하여 테레사는 사랑의 질서에 대해서 말한다.

> "내 안에 사랑을 정돈해 주셨네"라고 말한 대로, 영혼의 사랑은 질서가 잘 잡혀, 세상에 대해 품었던 사랑이 사라져 버리고 자신에 대한 사랑은 무관심으로 바뀝니다. 친척들에 대한 사랑은 하느님께서 그들을 사랑하시기 때문에, 그도 그들을 사랑하는 식으로 바뀝니다. 이웃이나 원수에 대한 사랑은 믿어지지 않을 정도로 매우 강한 사랑을 지니게 됩니다. 그리고 하느님께 대해 품은 사랑은 한없이 커져서, 어떤 때는 그 사랑이 영혼을 하도 몰아대서 비천한 인간 본성이 견딜 수 없게 됩니다.[16]

사랑의 질서는 본래 어거스틴(Augustine)의 유명한 사상이다. 위 인용문은 테레사가 어거스틴의 사랑의 질서 사상을 책을 통해서 공부했을 가능성이

---

[15] Teresa of Avila, *The Collected Works of Saint Teresa of Avila* Vol. 3, trans. by Kieran Kavanaugh and Otilion Rodriguez (Washington. D. C.: ICS Publications, 1985), 386.
[16] 데레사, 『아빌라의 성녀 데레사 소품집』, 271.

높다는 것을 암시한다. 테레사의 사랑의 질서 사상과 어거스틴의 사랑의 질서 사상 사이에 상당한 유사성이 보인다. 테레사의 위 인용문과 함께 사랑의 질서에 관한 어거스틴 자신의 다음 주장을 살펴보면 이 점을 확인할 수 있다.

> 우리는 형제를 얼마나 사랑하고 하나님을 얼마나 사랑할 것이냐고 묻지만, 우리는 비교가 되지 않을 정도로 우리 자신보다 하나님을 훨씬 더 사랑하며, 형제를 우리 자신 같이 사랑하며, 하나님을 더 사랑할수록 우리 자신을 더 사랑하게 된다. 그러므로 우리는 하나님과 이웃을 같은 사랑으로 사랑한다. 그러나 하나님은 하나님 자신 때문에 사랑하며, 우리 자신과 우리 이웃들은 하나님 때문에 사랑한다.[17]

위 인용문에서의 어거스틴의 주장을 다시 정리하면, 하나님에 대해서는 가장 지극한 사랑을 드리고, 이웃에 대해서는 자기 자신을 사랑하는 동일한 사랑으로 사랑해야 한다는 것이다. 얼핏 보기에 "하나님과 이웃을 같은 사랑으로 사랑한다"는 주장은 하나님에 대하여 가장 지극한 사랑을 드려야 한다는 말과 모순처럼 보일 수도 있다. 그러나 그렇지 않다. "하나님과 이웃을 같은 사랑으로 사랑한다" 할 때의 "같은 사랑으로"라는 말의 의미는 하나님에 대한 사랑이든 이웃에 대한 사랑이든 어떤 사랑이든지

---

[17] 성 아우구스티누스, 『삼위일체론』, 김종흡 역 (서울: 크리스챤다이제스트, 1994), 250.

그 사랑은 사랑의 유일한 원천인 하나님에게서 비롯된 동일한 사랑이라는 의미로 해석되기 때문이다. 이것이 어거스틴의 사랑 사상이라면, 이러한 사상은 테레사의 사랑 사상과 일치한다고 판단된다. 어거스틴에게서나 테레사에게서나 사랑은 진리의 측면에서나 능력의 측면에서나 그 원천이 오직 하나님이다.

주님이 테레사를 가르치시는 통상적인 방법은 사람들을 통하는 것이었다. 테레사가 사람들을 통해서 진리를 배울 때에 그녀는 지도 신부 등 사람을 직접 만나서 배우기도 했고, 또는 선배 영성가들이 쓴 책을 통해서 배우기도 했다. 엠마누엘 르놀에 의하면 테레사는 오수나의 『에스파니아식 초보의 세 사부』, 삭소니아의 루돌프의 『그리스도의 생애』, 어거스틴의 『고백록』 등을 통해서 많은 것을 배웠다고 한다.[18]

그런데 주님은 그럴 필요가 있다고 판단하실 경우 직접 혹은 천사를 통해서 테레사를 가르치시기도 했다고 한다. 좀 더 구체적으로 말해서 테레사의 영적 체험을 이해하는 사람이 그녀의 주변에 거의 없을 경우, 특별히 그녀의 고해 신부들이 그녀에게 거의 도움이 되지 않고 도움이 되기는커녕 영적 체험에 대한 그들의 몰이해로 그녀에게 많은 고통을 초래하는 상황에 이르게 되었을 때, 주님은 사람을 통한 가르침의 방법이 아닌 다른 특별한 방법을 사용하였다. 이와 관련하여 그녀의 자서전에는 다음과 같은 내용이 있다.

---

[18] 엠마누엘 르놀, 『영성의 대가: 아빌라의 성녀 데레사의 신비적 체험』, 32.

나는 다음 말씀을 들었습니다. "나는 이제 네가 사람들과 이야기하는 걸 원치 않는다. 오직 천사들과 이야기하여라".[19]

주님은 위 말씀을 통해서 테레사에게 영적 체험과 관련해서는 더 이상 고해 신부들의 말을 따를 필요가 없다고 하셨다. 또 다른 경우, 즉 교회 당국이 모종의 금서령을 내렸을 때 테레사는 큰 슬픔과 고통을 느끼게 된 일이 있다. 이러한 일이 있을 때에 주님이 테레사에게 말씀하신 일에 대하여 테레사는 그녀의 자서전에서 다음과 같이 기록하고 있다.

카스틸랴어로 쓰인 숱한 책을 읽지 못하게 금했을 때 나는 퍽 슬펐습니다. … 주님은 "그 일을 슬퍼하지 말라. 내가 살아 있는 책을 주마"고 말씀하였습니다. … 주님이야말로 내가 그 안에서 진리를 본 살아 있는 책이었습니다.[20]

스스로 살아 있는 진리의 책 그 자체이신 주님이 테레사에게 직접 진리를

---

[19] 데레사, 『천주 자비의 글』, 229 이하.
[20] 데레사, 『천주 자비의 글』, 249. 테레사가 살던 시대는 인간 역사에서 매우 혁명적인 사건이라 할 수 있는 구텐베르크의 인쇄술 개발(1450년경)로 성경이 꽤나 많이 보급됐으며 스페인어로도 성경 번역이 마쳐진 상황이었다. 하지만 테레사도 언급하듯이 개신교로 인한 위기가 고조되던 시기였다. 이로 인하여 개최된 트리엔토 공의회(council of Trient, 1545-1563)에서는 모국어로 번역된 성경을 읽는 것을 금하게 되는데, 스페인에서는 종교 재판소의 위세가 더욱 등등하여 종교 재판소 판사였던 돈 페르난도 데 발데스(Don Fernando de Valdes)는 1559년 이후로는 모국어 성경뿐만 아니라 문제의 소지가 있는 영성 서적들의 독서를 금했다. 데레사, 『성녀 데레사 소품집』 제1권, 윤주현 베네딕토 역 (서울: 기쁜소식, 2015) 288. 각주 5번 참고.

가르치셨다는 위 증언은 매우 놀라운 내용이다. 우리는 주님이 테레사에게 어떻게 직접 진리를 가르쳐 주셨을지 궁금해진다. 이에 대한 답변이 될 수 있는 내용이 그녀의 자서전에 다음과 같이 기록되어 있다.

> 이제는 다만 즐기는 것 이외에 다른 아무 것도 할 일은 없습니다. 가르침도 받지 않고 읽을 수 있게 되기 위해서 아무 노력도 없고 공부도 하지 않았는데 모든 학문을 다 깨친 사람과도 같습니다. 그는 어떤 모양으로 또 어디서 이 지식이 왔는지 모릅니다. ABC를 외기 위한 노력조차 하지 않았으니 말입니다. 이 마지막 비유는 이 하늘스런 은총이 어떤 것인가를 약간 설명한 듯 싶습니다. 실상 영혼은 일순간에 온전히 학자가 되며, 삼위일체의 심오한 현의나 그밖의 지극히 숭고한 현의가 매우 밝은 빛 가운데 그에게 밝혀지게 되므로, 어떠한 신학자를 상대로 하더라도 이런 위대한 진리를 방어할 용기를 가집니다.[21]

이것은 참으로 놀라운 증언이다. 모든 사람들이 주님으로부터 직접 진리를 배우는 이러한 은총을 누릴 수 있으면 좋겠지만, 현실은 그렇지 않다. 이것은 한편으로는 주님의 주권과 자유에 속하는 문제일 것이다. 그리고 또 다른 한편 우리들 대다수가 이러한 은혜를 받을 준비가 아직 안되어 있음이 사실일 것이다.

---

[21] 데레사, 『천주 자비의 글』, 256.

주님이 우리로 하여금 신령한 새로운 자아가 되도록 양육하실 때에 우리는 "저 신적인 젖을 먹고 자라며 더 튼튼해진다"고 하는데,[22] 그 젖의 의미의 한 부분은 사랑의 진리를 깨닫고 주님을 보는 것이요, 다른 한 부분은 사랑의 능력을 얻는 것, 그리하여 주님을 열렬하게 사랑할 수 있는 능력을 지니는 것이다. 사랑의 진리도 또는 사랑의 능력도 주님의 은혜이다. 주님을 보는 것이나 또는 주님을 사랑하는 능력을 갖게 되는 것이나, 모두 다 주님의 은혜이다. 테레사의 글에서 전자의 은혜는 흔히 빛에 의해서 상징되고, 후자의 은혜는 흔히 불에 의해서 상징된다.

> 당신은 빛이시라, 당신으로 말미암지 않고는 아무도 아버지께로 가지 못한다, 당신을 보는 이는 곧 아버지를 보는 것이라고 하십니다. … 흔히는 오성의 힘이 있어야 의지가 불 붙기 마련입니다. … 위에서 말한 저 불이 의지 안에서 타지를 않거나 하느님의 현존이 느껴지지 않을 경우, 하느님의 뜻대로 아가의 신부와 같이 당신을 찾아야 합니다.[23]

최민순이 "오성"이라고 번역된 말에 대한 영어 번역은 "intellect"(Kavanaugh and Rodriguez의 영어역) 또는 "understanding"(Peers 영어역)으로 되어 있다. 철학자에 따라서 이성과 오성을 세밀하게 구별해서 사용하는 사람들이 있겠지만, 테레사는 여기서 그런 구별함 없이 통상적인 "이성"의 의미

---

[22] 데레사, 『아빌라의 성녀 데레사 소품집』, 248.
[23] 데레사, 『영혼의 성』, 205 이하.

로 사용하는 것으로 판단된다. 테레사에 의하면 이성은 빛을 받는 영혼의 기관이요, 의지는 불을 받는 영혼의 기관이다. "오성의 힘이 있어야 의지가 불붙기 마련입니다"라는 말의 의미는 오성 즉 이성을 통해서 사랑의 진리를 깨닫고 더 나아가서 주님의 현존을 알게 될 때에 사랑의 능력의 불이 의지에 본격적으로 붙는다는 것이다. 그러므로 신령한 자아의 탄생과 성장을 위해서는 사랑의 빛과 사랑의 불이 모두 다 필요하다.

우리는 앞에서 주로 주님이 주시는 사랑의 빛에 대해서 다루었다. 이제는 주님이 주시는 사랑의 불에 대해서 좀 더 충분히 다룰 차례이다. 테레사는 "오성의 힘이 있어야 의지가 불붙기 마련입니다"는 말의 의미를 다음과 같이 좀 더 자세히 풀어서 말한다.

> 하느님의 위대하심이 갈수록 더 깨쳐지는 한편 그 님을 멀리 두고 가까이 누릴 수 없는 자신을 볼 때 욕망이 더욱더욱 치솟기 때문이고, 이와 같이 이 위대하신 주 하나님이야말로 사랑을 받으셔야 한다는 사실이 더욱 뚜렷해지므로 그만치 사랑하는 마음이 불타기 때문입니다.[24]

영혼은 그 이성의 차원에서 "하나님이야말로 사랑을 받으셔야 한다는 사실"을 절실히 깨달았으므로, 또 그만큼 그 의지의 차원에서 주님에 대한

---

[24] 테레사, 『영혼의 성』, 237.

"욕망," 주님에 대한 "사랑의 마음"이 불타오르게 된다. 주님이 우리의 가장 지극한 사랑을 받으시기에 합당한 가장 위대하신 존재임을 깨닫는 것과 그 주님을 온 열정을 다해 사랑하는 것은 서로 구별되면서 서로 연관되어 있다. 지고의 사랑의 대상으로서의 주님의 존재 의미를 깨닫는 것 없이 그 주님을 지극하게 사랑하는 것은 불가능하다는 의미에서 전자와 후자는 깊이 연관되어 있다. 그러나 주님을 그러한 존재로 깨닫는 그 즉시로 실제로 그분을 그렇게 지극하게 사랑할 수 있게 되는 것이 아니라는 의미에서 전자와 후자는 구별된다. 깨닫는 것도 은혜로 되는 일이지만, 사랑의 열정을 갖는 것 또한 은혜로 되는 일이다.

사랑의 진리를 깨달았으므로 사랑의 능력을 얻는다는 말도 맞지만, 역으로 사랑함으로써 사랑의 진리를 더 깊이 깨닫게 된다는 말도 옳다. 먼저 빛을 얻었으므로 불이 붙는다는 말도 맞고, 먼저 불이 붙어서 빛을 얻는다는 말도 옳다. 불과 빛은 어느 것이 먼저라고 할 수 없이 상보적이다. 사랑의 불로써 진리의 빛을 얻게 되는 경우에 대하여 테레사는 다음과 같이 말한다.

> 이 우정을 통해서 위대한 진리들이 영혼에게 전달된다는 말만 하고, 그 이상을 자세히 설명하고 싶지 않습니다(왜냐하면 이제 주님은 그 영혼을 아주 특별한 방식으로 사랑하신다는 것을 보게 해주시기 때문입니다). 이 빛은 영혼을 어리둥절하게 하고 — 영혼은 이 빛을 이해하지 못하니까요 — 세상의 허무함을 깨닫게 해줍니다. 영혼은 자기를 가르쳐 주시는 그 좋으신 스승을 보

지는 못하지만 그분이 함께 계시다는 것을 이해합니다.²⁵

주님과 영혼 사이에 "우정"의 형태로 존재하는 사랑의 불 때문에 영혼은 "세상의 허무성"의 진리라든가 주님이 자신과 항상 "함께 계시다"는 진리를 보다 분명하게 깨닫게 된다는 것이다.

우리는 앞에서 테레사가 "욕망이 더욱더욱 치솟기 때문이고"라고 말한 사실에 다시 주목하고자 한다. 테레사는 "사랑"을 기본적으로 "욕망"으로 이해하고 있다. 사랑에 대한 테레사의 이러한 이해는 기본적으로 어거스틴적이다. 어거스틴 전문가인 윌리엄 뱁콕(William Babcock)에 의하면, 어거스틴 사상에서 사랑은 기본적으로 "욕망"(desire, appetere)이며, 거기에는 항상 "열정"(passion)이 따르고, 그 욕망의 대상을 얻었을 때에는 "기쁨"(pleasure)이 따라온다.²⁶ 사랑에 대한 어거스틴의 이러한 이해는 기본적으로 사랑에 대한 테레사의 이해와 일치하다.

이 사랑의 불은 어디에서 오는가? 테레사에 의하면 복된 인생에게 붙게 되는 이 신적인 사랑의 불의 원천도 하나님 외에 다른 곳이 없다. 테레사는 다음과 같이 말한다.

문득 다음과 같은 생각이 떠오릅니다. 말하자면 하느님은 이글이글 타오

---

25 데레사, 『아빌라의 성녀 데레사 소품집』, 247.
26 William Babcock, "Cupiditas and Caritas: The Early Augustine on Love and Human Fulfillment" in *Augustine Today*. edited by Richard John Neuhaus. 1-34, (Grand Rapids: William B. Eerdmans. 1993), 12, 33.

르는 화톳불 …. 거기에서 불티 하나가 튀어나와 영혼에 닿게 되면 저 뜨거운 불길을 느끼게 되는 것이 아닐까?[27]

테레사는 영혼이 지니는 신령한 사랑을 불에 비유하면서, 그 영혼에 그 불이 붙게 된 것은 하나님 자신의 사랑의 불로부터 불티 하나가 영혼에게 옮겨와 붙었기 때문이라고 한다. 매우 놀랍고 강력한 비유이다. 인생이 지니는 신령한 사랑의 원천을 하나님 자신에게서 찾는 이러한 사상은 동방 기독교 전통의 사상과 일치한다. 동방 기독교 전통은 신적인 사랑의 불을 하나님의 "에너지"라고 칭했다. 동방신학자 블라디미르 로스끼(Vladimir Lossky)는 다음과 같이 말한다.

"하나님은 사랑이시다," "하나님의 세 위격들은 상호 사랑으로 연합된다"고 말할 때, 우리는 하나의 공통의 현시, 즉 세 휘포스타시스에 의해 소유된 에너지로서의 사랑을 본다. … 막시무스의 가르침에 따르면, 신화의 은총에 의해, 다시 말해 신적인 에너지에 의해 우리는 신적인 본질의 그 자체를 제외하고 하나님께서 본질상 가지고 있는 모든 것을 소유할 수 있다. 우리는 은총에 의해 온전히 신이 되는 동시에 피조물로 남아 있게 된다.[28]

---

[27] 데레사, 『영혼의 성』, 155.
[28] 블라디미르 로스끼, 『동방교회의 신비신학에 대하여』, 박노양 역 (서울: 한국장로교출판사, 2003), 105, 111 이하.

동방 기독교 전통에 의하면, 신적인 사랑의 빛과 사랑의 불 모두 다 하나님의 "창조되지 아니한 에너지"(uncreated energies)이다.[29] 테레사나 동방 신학이나 공히 신화, 즉 신령한 사랑의 존재됨은 오직 은총에 의해서 믿음을 통해서 되는 것이지 인간의 능력이나 공로로 되는 것이 아니다.

어거스틴과 마찬가지로 테레사에게 신적인 사랑은 주님에 대한 열정 어린 소유욕과 같은 것이다. 테레사는 영혼을 "신부"에 비유하고, 주님을 "신랑"에 비유하며, 주님에 대한 사랑에 빠진 영혼은 "신랑" 되신 주님에게 "입술로 입맞춰 주십사고 청한다"고 한다.[30] 영혼은 "하느님을 섬기고 싶어하는 열렬한 욕망"을 지닌다.[31] 종국에 영혼은 주님께 대하여 "당신은 저의 것," "나는 사랑하는 님의 것"이라고 상호 소유를 고백하는 경지에 이른다.[32] 영혼이 자기의 가장 지극한 욕망의 대상인 주님을 소유하게 되었을 때의 비할 바 없는 기쁨에 대하여 테레사는 다음과 같이 기술한다.

> 주님은 그가 원하는 대로 마시기를, 하느님의 술광에 있는 모든 포도주를 죄다 마시고 완전히 취하게 되기를 바라십니다. 그러므로 영혼이 이 기쁨들을 누리게 하십시오. 주님의 위대하심을 감탄하게 하십시오. 타고난 연약함이 견딜 수 없을 정도로 많이 마셔서 목숨을 잃을까봐 겁내지 않게 하

---

[29] 블라디미르 로스끼, 『동방교회의 신비신학에 대하여』, 89-114.
[30] 데레사, 『아빌라의 성녀 데레사 소품집』, 211.
[31] 데레사, 『영혼의 성』, 261.
[32] 데레사, 『아빌라의 성녀 데레사 소품집』, 253.

십시오. 이 환희의 낙원에서 죽어버리게 하십시오.[33]

테레사는 영혼이 주님과 더불어 누리는 이 신적 사랑의 기쁨을 포도주에 비유한다. 이 기쁨은 인간적 "연약함"이 견딜 수 없을 정도로 강렬한 것이다. 이 상태에서 영혼은 "자기 자신 안에 있지 않게 되니," 다시 말해서 일종의 엑스타시 상태에 빠지게 된다.[34] 영혼의 인간적 연약함은 이 엑스타시의 강력함을 감당하기 어렵기 때문에 영혼은 거의 죽음 가까이에 이르게 된다고 한다.

> 딸들이여, 신부가 죽게 되었다고 하는데 이 말을 허풍이라고 여겨서는 안 됩니다. 이미 말했듯이, 사실이 그러니까요. 사랑은 때로는 모든 본능적인 힘을 지배할 만큼 강력한 힘을 발휘합니다.[35]

주님과 더불어 나눈 지극한 신적인 사랑 안에서 죽음을 맞이할 수 있다는 위 진술은 테레사 자신의 경험을 반영하고 있는 듯하다.

앞에서 살펴본 바와 같이, 영혼으로 하여금 주님과의 사랑 안에서 무한한 기쁨을 누리게 하는 것은 하나님의 은혜로서의 사랑의 빛과 사랑의 불이다. 그런데 테레사에 의하면, 이 사랑의 빛과 사랑의 불을 집약해서 품

---

[33] 데레사, 『아빌라의 성녀 데레사 소품집』, 263 이하.
[34] 데레사, 『아빌라의 성녀 데레사 소품집』, 266.
[35] 데레사, 『아빌라의 성녀 데레사 소품집』, 274.

고 있는 하나의 실재가 있다. 그 실재는 예수 그리스도이다. 그리스도를 얻는 자는 그와 동시에 신적인 사랑의 빛과 불을 얻게 된다. 그러므로 신화의 길은 그리스도 안에 있다.

우리는 앞에서 테레사가 영적인 자아를 키우는 하나님의 은혜를 "젖"에 비유한 것을 보았다. 그 "젖"은 예수 그리스도께 있다. 젖은 영혼의 양식으로서 진리를 깨닫게 하고 사랑의 덕을 키워 준다. 이러한 양식이 인격적인 모습으로 나타난 것이 예수 그리스도이다. 이러한 신령한 양식을 "젖"이라고 해도 좋고, 또는 "빵"이라고 해도 좋다. 테레사는 주기도문을 풀이하면서 다음과 같이 말한다.

> 이 기도에서 주님이 '나날'이라고 하신 말씀은 '항상'이라는 뜻으로 하신 것 같습니다. 나는 주께서 왜 '나날'이라고 하신 다음, "오늘 우리에게 주소서 주여"라고 하시었는지 생각해 보았습니다. 나날의 우리의 빵(우리의 일용할 양식)이라 함은 곧 당신 자신을 가리키는 말씀으로 나는 이해합니다. … 주께서 우리와 함께 계시는 것은 우리가 아버지의 뜻을 채워드리는데 힘과 도움과 의지가 되어주시기 위한 것 외에 무엇이 있겠습니까? … 자매들이여, 빵을 걱정하는 사람은 걱정하라고 내버려두고 우리는 영원하신 아버지께 빌어서 하늘의 빵이나 얻도록 합시다. 그분은 숨어 계시기 때문에 육안으로는 뵙고 즐길 수 없으니 영혼의 눈을 떠서 뵈시게 해 달라고 부탁합시다. 우리의 생명을 길러주는 그 기쁨과 맛은 전혀 색다른 것이기

때문입니다.[36]

테레사에 의하면 영혼이 하나님에 대하여 갖는 음의 관계, 수용성의 관계의 절정은 하나님이 우리의 "힘과 도움과 의지"가 되도록, "우리의 생명을 길러주는 그 기쁨과 맛"이 되도록 우리에게 내어주신 그리스도를 받아 모시는 데 있다. 그리스도 안에 우리를 위한 하나님의 선물의 모든 것이 다 들어 있다. 우리가 그리스도를 얻으면, 그분과 함께 그분 안에 있는 모든 은혜를 또한 얻게 된다. 이것은 또한 요한복음에 나타난 가르침이기도 하다.

내가 곧 생명의 떡이니라 너희 조상들은 광야에서 만나를 먹었어도 죽었거니와 이는 하늘에서 내려오는 떡이니 사람으로 하여금 먹고 죽지 아니하게 하는 것이니라 나는 하늘에서 내려온 살아 있는 떡이니 사람이 이 떡을 먹으면 영생하리라 내가 줄 떡은 곧 세상의 생명을 위한 내 살이니라 하시니라 그러므로 유대인들이 서로 다투어 이르되 이 사람이 어찌 능히 자기 살을 우리에게 주어 먹게 하겠느냐 예수께서 이르시되 내가 진실로 진실로 너희에게 이르노니 인자의 살을 먹지 아니하고 인자의 피를 마시지 아니하면 너희 속에 생명이 없느니라 내 살을 먹고 내 피를 마시는 자는 영생을 가졌고 마지막 날에 내가 그를 다시 살리리니 내 살은 참된 양

---

[36] 데레사, 『완덕의 길』, 247, 249.

식이요 내 피는 참된 음료로다 내 살을 먹고 내 피를 마시는 자는 내 안에 거하고 나도 그의 안에 거하나니 살아 계신 아버지께서 나를 보내시매 내가 아버지로 말미암아 사는 것 같이 나를 먹는 그 사람도 나로 말미암아 살리라 이것은 하늘에서 내려온 떡이니 조상들이 먹고도 죽은 그것과 같지 아니하여 이 떡을 먹는 자는 영원히 살리라(요 6:48-58).

위 요한복음 본문은 성만찬을 암시하고 있다.[37] 테레사 자신도 "나날의 우리의 빵(우리의 일용할 양식)이라 함은 곧 당신 자신을 가리키는 말씀으로 나는 이해합니다."라고 말함으로써 성도가 그리스도를 받아 모시는 구체적인 길은 성만찬에 참여함이라고 가르치고 있다.[38]

우리는 지금 하나님과의 관계에서 음의 입장에 있는 인간 영혼에 대하여 살펴보는 중이다. 비록 테레사가 다른 측면을 결코 간과하지는 않지만, 그녀가 그녀의 여러 저서에서 가장 힘써서 다루고 있는 주제가 바로 하나님과의 관계에서 음의 입장에 있는 인간 영혼이다. 하나님과의 관계에서 인생이 마땅히 먼저 취해야 할 음의 자리, 여성성의 자리가 특별히 강조되는 테레사의 저서는 『영혼의 성』이다. 『영혼의 성』에 등장하는 "궁방" 자체가 여성성을 강하게 상징한다.[39] 궁방은 일종의 용기, 그릇과 같은 것,

---

[37] 조지 레이몬드 비슬리 머레이, 『요한복음』, 이덕신 역 (서울: 솔로몬, 2001), 252, 263.
[38] 데레사, 『완덕의 길』, 253; 데레사, 『아빌라의 성녀 데레사 소품집』, 243.
[39] 『영혼의 성』에서 성을 묘사해 주고 있는 구절들은 제 일 궁방에서는 제1장의 제1과 제5, 제2장의 제8과 제 육 궁방 부분 중에서는 제10장 제3이다. 데레사, 『영혼의 성』, 23, 25, 27, 233 이하.

아니 차라리 자궁과 같은 것이다. 영혼의 궁방은 인생이 하나님의 신성을 받아 모시는 자리이다. 궁성은 곧 음성이다. 하나님을 위한 영혼의 음성으로서의 궁성에는 총 일곱 개의 궁방 내지 궁실이 있다고 한다. "임금"으로 비유되는 하나님은 "맨 가운데 궁실" 즉 "일곱 번째 궁실에 거주하신다.[40] 하나님이 인생에게 자기 자신을 내어주실 때에 하나님은 인생에 대하여 양의 자리에 계시다면, 그 하나님을 자기 영혼의 중심에 받아 모신 영혼은 음의 자리에 있다. 영혼의 중심에 좌정해 계시는 하나님은 참으로 역동적으로 인생에게 은총을 베푸신다.

  인간의 여성성은 자신의 참 자아를 잉태하고 출산한다. 참 자아는 하나님이 자기 존재의 중심이 되는 그러한 자아이다. 하나님에 대한 음적, 여성적 관계에서 인간은 하나님을 찾고 하나님을 발견하고, 그 하나님을 자기 존재와 삶의 중심이 되도록 받아 모신다. 인생이 찾고 발견하고, 자기 존재의 중심으로 받아들이게 되는 하나님은 존재론적으로는 자기 존재의 중심에 늘 계신다. 그러나 많은 인생들이 실존적으로 그 사실을 깨닫지 못하고 있다. 그러므로 인생은 자기 존재의 중심에 존재론적으로 늘 계신 그분을 실존적으로 찾고, 발견해야만 한다. 그리고 그분의 존재 진리, 즉 사랑의 존재 방식이 자기 자신의 존재 방식이 되도록 해야 한다. 인간의 완전은 사랑에 있다. 완전한 인간은 자기 존재 중심에 이미 그리고 항상 계시는 하나님을 깨닫고, 그분과 사랑으로 합일하고, 그분의 사랑의 진리와

---

[40] 데레사, 『영혼의 성』, 35.

사랑의 에너지를 온전히 자기 것으로 소유하고 그것에 의해서 신화되는 존재이다.

테레사의 신화는 단계적 과정이다. 영혼의 일곱 궁방은 신화의 단계적 과정을 의미하는 상징이다. 일곱 개의 궁방들은 일곱 단계의 심화를 의미한다. 인간이 음의 자리에서 경험하는 영적 자아의 잉태와 출현은 심화의 단계를 거친다. 일곱 궁방은 심화의 일곱 단계이다.[41]

새로운 자아가 잉태되는 단계는 제1궁방의 단계이다. 인생이 실존적으로 하나님을 받아 모실 그때가 곧 새로운 신적 자아가 잉태되는 때이다. 이 자궁 같은 영혼은 그 안에서 인생이 신적 자아로 잉태되는 장소이며, 또 그 잉태된 신적 자아가 하나님의 젖인 그리스도에 의해서 양육되는 장소이다. 각각의 궁방은 잉태된 새로운 자아가 성숙하는 단계를 상징한다.

마지막 제7궁방에서는 하나님과 더불어 영적 결혼을 하는 신부가 출현한다. 신부의 출현은 하나님이 그 존재의 중심이 된 인간, 영적으로 매우 성숙한 경지에 이른 영적 자아의 출현을 의미한다. 신화 단계의 마지막인 제7궁방에 이르면, 인생은 자기 삶의 주도성을 신에게로 온전하게 넘긴다.[42] 사실 인생이 자기 삶의 주도성을 하나님에게 대폭 넘기기 시작하

---

[41] "하나님은 언제나 당신을 받아들이는 것을 허락하시지만 우리가 그분을 받아들이기 위해서는 성장해야만 한다. 싹이 트고 있는 씨앗이 햇빛에 너무 빨리 노출되면 죽게 될 것이다." 루쓰 버로우스, 『영혼의 성 탐구: 하나님과의 친밀한 연합의 삶을 위한 데레사의 가르침』(서울: 은성출판사, 2014), 44.

[42] "'이 7궁방, 즉 영적 결혼의 단계는 다른 궁방들과는 분명히 다르다. 다른 궁방에서 그리스도의 현존은 영혼의 능력들을 통해서 감지되는 데 반해 7궁방에서는 영혼의 중심에서 감지되기 때문이다." 세쿤디노 카스트로, 『성녀 데레사의 그리스도 체험』, 윤주현 역 (서울: 기쁜소식, 2012), 443

는 분기점은 제4궁방이다. 제4궁방은 관상이 시작되는 단계이다. 영혼의 하나님에 대한 순종은 제5궁방, 제6궁방을 거치면서 점점 더 완전해진다. 그리하여 제7궁방에 이르게 되면 하나님이 자기 존재의 왕이 되신다. 하나님의 나라, 하나님의 통치가 내 영혼 안에서 이루어지는 것이다.

그런데 영혼이 하나님에게 넘긴 삶의 주도성은 다시 하나님에 의해서 영혼에게 되돌려진다. 신화의 이야기는 하나님과 내 영혼 사이의 인격적 사랑의 이야기이지 일방적 독재의 이야기가 아니기 때문이다. 신화된 자의 삶에서 하나님이 내 삶의 주도자인 동시에 내가 또한 내 삶의 주도자가 될 수 있는 가능함의 근거는 이 단계에서 하나님의 뜻과 나의 뜻이 완전히 합일되었기 때문이다. 그는 세상에서 하나님과 함께, 하나님의 뜻을 힘차게 실행할 수 있는 하나님의 동역자가 된다.

인생은 하나님을 실존적으로 받아 모심으로써 그의 존재 전체가 놀랍게 변화된다. 그는 신화된다. 신화(deification)란 인생이 하나님에 대하여 갖게 되는 음적, 여성적 활동의 지극한 경지이다. 참된 자아는 하나님이 자기 존재의 중심이 된 자아이다. 그러나 그는 하나님이 되는 것은 아니다. 이와 관련해서 동방 신학 전통에서 하나님의 "본질"과 하나님의 "에너지"를 구별한 것은 도움이 된다.[43] 인간의 신화는 하나님의 에너지에 참여하는 것이지 그분의 본질에 참여하는 것이 아니다. 테레사 자신은 하나님의 "본질"과 "에너지"를 구별한 적은 없지만, 그러나 그 취지에 공감할 것이다.

---

[43] 블라디미르 로스끼, 『동방교회의 신비신학에 대하여』, 96-104.

신화의 단계를 반드시 일곱으로 생각할 필요는 없다. 더 많을 수도 있고 더 적을 수도 있다. 테레사 자신도 일곱 단계를 축약하여 네 단계로 말한 적도 있다. 테레사는 물로 상징되는 하나님의 은혜를 받는 데 있어서 네 단계의 심화 과정이 있다고 말했다. 첫째는 "팔의 힘으로 우물에서 물을 긷는 것," 둘째는 "두레박을 단 도르래"를 이용해서 물을 긷는 것, 셋째는 "시내나 도랑에서 물을 끄는 것," 넷째는 하늘에서 "다량의 비가" 내리는 것을 받는 것이다.[44]

기독교 신비주의에 널리 알려진 것은 정화, 조명, 합일의 삼 단계이다.[45] 정화, 조명, 합일은 영성의 심화를 의미한다. 정화는 신에 대한 수용적 그릇인 인간 영혼을 깨끗하게 함이다. 조명은 신의 지혜의 수용이다. 이 단계에서 어느 정도의 자아의 변형이 발생한다. 합일은 신의 지혜에 더하여 신의 사랑의 충만한 수용이다. 이 단계에서 자아의 철저한 변형, 즉 신화가 일어난다.

몇 단계인가가 중요한 것이 아니다. 중요한 것은 하나님과의 연합과 신화의 과정에 심화의 단계가 있다는 것을 인식하고, 끝없는 영적 성장을 기대하고, 이를 위해 노력하는 것이다. 영성의 길에서 더 이상 나아갈 데가 없는 경지라는 것은 없다. 영성의 길은 전진하고 또 전진하는 끝없는 상승의 과정이다. 이에 대하여 테레사는 다음과 같이 말한다.

---

[44] 데레사, 『천주 자비의 글』, 94 이하.
[45] Alister E. McGrath, *Christian Spirituality: An Introduction*, 3rd ed. (NY: Blackwell Publishing, 2001), 98, 151.

덕 닦기를 힘쓰지 아니하면 여러분은 항상 난쟁이로 그냥 남아 있을 뿐, 그러나 자라지 않는 것 뿐이라면 차라리 낫겠지만 아시다시피 자라지 않은 것은 곧 쪼그라드는게 아닙니까? 사랑이란 늘 같은 상태에 있으면서 만족할 수 없으리라고 나는 생각합니다.[46]

자전거를 타는 이가 더 이상 전진하지 않고 가만히 멈추어 있으려고 한다면, 그는 결국 멈추어 서 있지도 못하고 쓰러지고 만다. 테레사가 영성에 대하여 말하고자 하는 것도 이와 비슷하다. 영성의 길을 가는 이가 앞으로 더 전진하려고 하지 않고 다만 자신이 도달한 어떤 경지에 가만히 멈추어 있고자 한다면, 그는 그 경지에도 머물러 있지 못하고 오히려 퇴보하게 된다는 말이다. 그러므로 테레사는 "자라지 않은 것은 곧 쪼그라든다"라고 말한다. 다시 말해서 "발전하지 않는 자는 퇴보한다"(whoever does not increase decreases).[47] 사랑은 생명의 최고 진실한 모습이다. 생명은 한 자리에 멈추어 설 수 없는 것, 오히려 항상 전진하는 것이다. 그러므로 테레사는 생명의 최고의 진실한 모습인 사랑은 "늘 같은 상태에 있으면서 만족할 수 없으리라"고 말한다. 사랑은 전진해야 한다.

물론 영적 성장의 원동력 그 자체는 인간에게 있지 않고 오직 하나님의 "선행적(先行的) 은총"에 있다.[48] 그러나 하나님의 그 원동력이 나를 위해

---

[46] 데레사, 『영혼의 성』, 277.
[47] Teresa of Avila, *The Collected Works of Saint Teresa of Avila*, Vol. 2, 447.
[48] 감리교의 창시자인 요한 웨슬리는 하나님의 "선행적 은총"(prevenient grace)에 대하여 말한 바 있다. 하나님의 "선행적 은총"이란 인간 편에서의 응답이 있기에 앞서서 먼저

서 잘 활성화되도록 하기 위해서는 내 편에서의 하나님의 은총에 대한 적극적인 협력이 요청된다. 하나님의 선행적(先行的)인 은총에 대한 인간 편에서의 적극적인 협력을 가리키는 말로 테레사는 "덕 닦기를 힘쓰라"는 표현을 사용한다. 하나님의 선행적인 은총에 대한 인간 편에서의 협력의 기본은 인간이 하나님의 그 은총에 대하여 온전한 음성(陰性), 수용성(受容性)을 갖는 데 있다. 영성의 실현을 위해서 인간의 음성, 수용성은 매우 중요하다. 그런데 인간의 그 음성, 수용성에 앞서서 하나님의 사랑이 먼저 내게 와 있었다.

우리는 이제 하나님과의 관계에서 양적(陽的), 능동적(能動的) 사랑의 입장에 있는 인생에 대하여 고찰하고자 한다. 양적(陽的), 능동적(能動的) 사랑의 문제는 결국 하나님 앞에서 먼저 음적(陰的), 수동성(受動性)의 입장에 처해 있던 인생이 그 다음 순간, 그 다음 단계에서는 어떤 삶을 살게 되는가의 문제이다. 먼저 하나님으로부터 신적인 사랑의 빛과 사랑의 불을 받아서 하나님과의 합일의 충만한 기쁨을 순간순간 누리는 사람, 그 합일의 경지를 날마다 더 심화해 나가는 과정 중에 있는 사람은 그 다음 순서로 하나님께 대하여 어떤 삶을 살게 되는가?

테레사는 하나님과의 사랑의 친교의 기쁨을 누린 사람이 하나님께 대하여 갖게 되는 태도에 대하여 다음과 같이 언급하고 있다.

인간에게 임하시고 인간을 위해서 온갖 복된 활동하시는 하나님의 은총을 말한다. 참고, Wesley, John. *The Works of John Wesley*, Vol. 2 (Nashville: Abingdon Press, 1985), 156 이하.

이와 같이 솟구치는 기쁨을 지니면서 침묵하기란 무척 힘드는 일이요, 아닌 척 꾸미기도 적지 아니 어려운 노릇입니다. 그래서 정녕 성프란치스코는 소리를 지르면서 들판을 두루 다니셨고, 강도를 만났을 때 스스로를 위대하신 임금님의 벽제 소리라고 말씀하셨을 것입니다. 다른 성인들이 광야를 찾아드신 것도 프란치스코 성인처럼 하느님의 찬미를 소리 높이 부르기 위함이었을 것입니다. 그래서 나는 그런 성인 한 분, 알칸다라의 베드로라는 수사님을 알고 있습니다. 그분의 생활로 보아서 나는 그분을 성인이라고 믿는데, 그분이 이런 짓을 하셨습니다. 그러나 사람들은 그분의 고함소리를 들을 때마다 미치광이로 간주하는 것이었습니다. 미치광이 … 그렇게 미칠 수 있다면야 작히나 좋겠습니까? 자매들이여, 제발 우리 모두를 하느님께서 미치게 해주셨으면 좋겠습니다.[49]

테레사에 위 글에 의하면, 하느님으로부터 큰 은혜를 받은 성프란치스코와 알칸다라의 베드로가 기쁨이 충만한 가운데 하나님께 지극한 감사의 찬미를 드렸다. 위 이야기가 우리에게 가르쳐 주는 진리는 결국 인생에게는 하나님께로부터 은혜를 받는 음(陰)의 때가 있고, 또 하나님께 감사의 찬미를 드리는 양(陽)의 때가 있다는 것이다. 인생이 하나님께 대하여 감사의 찬미를 드린다는 말은 인생이 하나님께 대하여 양의 자리, 수여성의 자리에 서게 됨을 의미한다. 인생은 하나님께로부터 먼저 받았으므로, 인

---

[49] 데레사, 『영혼의 성』, 199.

생은 또한 하나님께 드릴 수 있고, 또 마땅히 드려야 한다. 온전한 인생에는 이와 같은 음양적 리듬이 있다.

위 이야기에서 특별히 흥미로운 점은 성프란치스코나 알칸다라의 베드로가 하나님을 찬미하는 방식이 상당히 특이했다는 것이다. 성프란치스코는 들판을 뛰어다니면서 소리 지르며 주님을 찬미했다는 것이요, 알칸다라의 베드로는 고함 소리를 내면서 하나님을 찬미함으로 말미암아 사람들이 그를 미친 사람 취급했다는 것이다. 성프란치스코나 알칸다라의 베드로나 공히 하나님을 찬미함에 있어서 일상적인 정신 상태를 넘어선 일종의 "미친" 상태에서, 즉 일종의 엑스터시 속에서, 그렇게 했다는 것이다. 이러한 "미침"은 복된 거룩한 "미침"[50]이라고 해야 할 것이다. 이 이야기는 매우 감동적이다. 저들이 미친 사람처럼 하나님을 찬미했다는 사실은 저들이 받아 누린 은혜가 그만큼 매우 컸다는 사실을 증거한다.

성경 중에 성프란치스코나 알칸다라의 베드로 사건과 비교할 만한 경우를 보이는 본문으로 다음과 같은 것이 있다.

> 한 바리새인이 예수께 자기와 함께 잡수시기를 청하니 이에 바리새인의 집에 들어가 앉으셨을 때에그 동네에 죄를 지은 한 여자가 있어 예수께서 바리새인의 집에 앉아 계심을 알고 향유 담은 옥합을 가지고 와서 예수의

---

50 두 영어본은 해당 구절을 공통적으로 "blessed madness"로 번역하고 있다. Teresa of Avila, *The Collected Works of Saint Teresa of Avila*, Vol. 2, trans. by Kavanaugh and Rodriguez, 396; Teresa of Avila, T*he Complete Works of Saint Teresa of Avila*, Vol. 2, trans. by E. Allison Peers, 301.

뒤로 그 발 곁에 서서 울며 눈물로 그 발을 적시고 자기 머리털로 닦고 그 발에 입맞추고 향유를 부으니(눅 7:36-38).

일부 다른 내용이 있지마는 그러나 기본적으로 위 누가복음 본문과 비슷한 내용을 보도하는 본문이 마태복음 26:6-13, 마가복음 14:3-9, 요한복음 12:1-8에도 나타난다. 마가복음에 의할 경우, 여인이 예수님의 몸에 값비싼 향유를 붓는 행위에 대하여 "어떤 사람들이 화를 내어 서로 말하되 어찌하여 이 향유를 허비하는가"(막 14:4)라는 반응을 보였다고 한다. 여인이 이처럼 예수님의 몸에 향유를 붓는 행위는 흔히 있을 수 있는 일이 아니다. 또 여인이 자신의 눈물과 머리털로써 예수님의 발을 닦는 행위도 일상성을 훨씬 뛰어넘는 비상한 사건이다. 여인의 이 일련의 행위는 거룩한 "미침"의 상태에서만 가능한 행위이다. 여인은 어떻게 하여 이렇게 거룩한 "미침"의 상태에 이르게 되었을까? 이 질문에 대한 예수님 자신의 답변은 다음과 같다.

이러므로 내가 네게 말하노니 그의 많은 죄가 사하여졌도다 이는 그의 사랑함이 많음이라 사함을 받은 일이 적은 자는 적게 사랑하느니라(눅 7:47).

예수님의 위 설명에 의하면, 이 여인은 주님으로부터 먼저 큰 사랑, 특별히 사죄의 큰 사랑을 받았다. 따라서 당신을 향해 그녀가 보인 바는 "사랑함이 많음이라"고 주님은 말씀하신다. 많이 받은 자는 많이 드린다. 만약 어떤 사람이 주님으로부터 받은 사랑이 그리 많지 않다고 잘못 오해하는 경우에는 어떠한 일이 벌어질 것인가? 이러한 경우에 대하여 주님은 "사함을 받은 일이 적은 자는 적게 사랑하느니라"라고 말씀하신다. 주님의 사랑은 실상에 있어서는 모든 사람을 향하여 크고 부요한 것이다. 그러나 그 놀라운 사랑을 깨닫지 못하는 어떤 사람들이 그 사랑이 적다거나 또는 그런 사랑이 없다고 잘못 판단한다. 그리고 그 잘못된 판단에 따라서 그 사람이 주님께 돌려 드리는 사랑도 적거나 전혀 없는 일이 발생하는 것이다.

예수님께 향유를 붓고 자신의 눈물과 머리털로써 주님의 발을 닦아 드린 이 놀라운 여인에 관한 이야기의 종결 부분은 마태복음 26:13과 마가복음 14:9에 비슷한 내용으로 나온다. 마태복음 본문을 소개하면 다음과 같다.

> 내가 진실로 너희에게 이르노니 온 천하에 어디서든지 이 복음이 전파되는 곳에서는 이 여자가 행한 일도 말하여 그를 기억하리라 하시니라 (마 26:13).

예수님의 위 말씀이 암시하는 것은 즉 주님의 복음이 전파될 때에. 그 복음의 핵심 내용은 둘이라는 것이다. 그 하나는 주님의 사랑이다. 이 여인을 비롯한 모든 사람들을 향하신 주님의 무한한 사랑이다. 다른 하나는 주님을 향한 우리의 되돌려 드리는 사랑이다. 이 여인이 모범적으로 보인 바는, 받은 바 주님의 놀라운 사랑에 대하여 전적으로 응답하는 사랑이다. 결국 기독교 복음의 이야기는 인생과 주님 사이의 상호적, 음양적(陰陽的) 사랑이다.

인생은 찬미, 감사, 예배 등을 통하여 하나님이 자신에게 베풀어 주신 은혜와 사랑에 대하여 보답해 드리고자 한다. 이것은 인간이 하나님께 드리는 인간 편에서의 양적(陽的), 능동적 활동 중에서 직접적인 방식이다. 이와 같이 하나님을 향한 찬미, 감사, 예배 등의 방식을 통하여 사랑의 하나님께 대하여 직접적인 방식으로 응답하는 길이 있고, 직접적 방식과 달리 중개적, 간접적인 방식으로 하나님의 은혜에 보답해 드리는 길이 있다.

간접적 방식의 하나님 사랑이란 즉 우리가 하나님이 사랑하시는 존재들을 사랑함으로써 하나님을 사랑하는 것이다. 우리가 하나님이 창조하시고 하나님이 사랑하시는 동료 피조물들을 사랑하되, 하나님의 사랑의 마음을 본받아서 그리고 하나님이 주시는 사랑의 능력으로 그들을 사랑하는 것이다. 하나님의 피조물을 사랑하는 것은 하나님 자신을 사랑하는 것과 다르지 않다. 이 사실을 뒷받침하는 고전적인 성경 본문은 마태복음에 나온다.

> 인자가 자기 영광으로 모든 천사와 함께 올 때에 자기 영광의 보좌에 앉으리니 모든 민족을 그 앞에 모으고 각각 구분하기를 목자가 양과 염소를 구분하는 것 같이 하여 양은 그 오른편에 염소는 왼편에 두리라 그 때에 임금이 그 오른편에 있는 자들에게 이르시되 내 아버지께 복 받을 자들이여 나아와 창세로부터 너희를 위하여 예비된 나라를 상속받으라 내가 주릴 때

에 너희가 먹을 것을 주었고 목마를 때에 마시게 하였고 나그네 되었을 때에 영접하였고 헐벗었을 때에 옷을 입혔고 병들었을 때에 돌보았고 옥에 갇혔을 때에 와서 보았느니라 이에 의인들이 대답하여 이르되 주여 우리가 어느 때에 주께서 주리신 것을 보고 음식을 대접하였으며 목마르신 것을 보고 마시게 하였나이까 어느 때에 나그네 되신 것을 보고 영접하였으며 헐벗으신 것을 보고 옷 입혔나이까 어느 때에 병드신 것이나 옥에 갇히신 것을 보고 가서 뵈었나이까 하리니 임금이 대답하여 이르시되 내가 진실로 너희에게 이르노니 너희가 여기 내 형제 중에 지극히 작은 자 하나에게 한 것이 곧 내게 한 것이니라 하시고 또 왼편에 있는 자들에게 이르시되 저주를 받은 자들아 나를 떠나 마귀와 그 사자들을 위하여 예비된 영원한 불에 들어가라 내가 주릴 때에 너희가 먹을 것을 주지 아니하였고 목마를 때에 마시게 하지 아니하였고 나그네 되었을 때에 영접하지 아니하였고 헐벗었을 때에 옷 입히지 아니하였고 병들었을 때와 옥에 갇혔을 때에 돌보지 아니하였느니라 하시니 그들도 대답하여 이르되 주여 우리가 어느 때에 주께서 주리신 것이나 목마르신 것이나 나그네 되신 것이나 헐벗으신 것이나 병드신 것이나 옥에 갇히신 것을 보고 공양하지 아니하더이까 이에 임금이 대답하여 이르시되 내가 진실로 너희에게 이르노니 이 지극히 작은 자 하나에게 하지 아니한 것이 곧 내게 하지 아니한 것이니라 하시리니 그들은 영벌에, 의인들은 영생에 들어가리라 하시니라 (마 25:31-46).

주님은 "여기 내 형제 중에 지극히 작은 자 하나에게 한 것이 곧 내게 한 것이니라"고 말씀하시므로, 따라서 동료 피조물들을 향한 우리의 사랑은 곧 그리스도에 대한 사랑, 하나님에 대한 사랑이 된다.

테레사의 사상에서 동료 피조물에 대한 우리의 양적(陽的) 사랑의 활동은 어떻게 그와 동시에 또한 하나님께 대한 우리의 양적(陽的) 사랑의 활동이 되는 것일까? 그 신학적인 이유로 우리는 다음 몇 가지를 생각할 수 있다.

첫째, 우리가 동료 피조물들을 사랑하는 그 사랑은 본래 우리 것이 아니라 하나님께 속한 것이다. 본래 하나님께 속한 사랑이 우리에게 주어진 것이다. 사랑을 불에 비유하자면, 하나님께로부터 우리에게 옮겨 붙은 불은 본래 "하나님의 사랑의 불꽃"이다.[51] 본래 하나님에게 속했던 신적 사랑의 불꽃이 우리를 통해서 나타났다는 사실은 곧 우리를 통해서 하나님의 영광이 나타났다는 뜻과 같다. 영광의 근본 의미는 나타남이다. 본래 신에게 속한 사랑이 우리를 통해 나타났음은 곧 신의 영광의 현현이다. 우리가 하나님의 영광을 나타내는 것은 곧 우리가 하나님을 사랑하는 것이 된다.

둘째, 우리가 사랑하는 대상인 피조물의 성격과 관련되어 있다. 테레사는 다음과 같이 말한다.

---

[51] 테레사, 『완덕의 길』, 209.

당신이 피조물과 사귀신다는 것을 알면 알수록 우리는 당신의 위대함을 기리게 되고, 이토록 주님의 사랑을 받는 영혼들을 가벼이 보지 않기로 노력하게 되는 것입니다. 우리는 누구나 다 그 영혼을 가지고 있습니다. 그러나 하느님의 모습을 닮아서 창조된 피조물에 맞갖은 평가를 높이 하지 않습니다.[52]

테레사는 하나님께 대하여 "당신이 피조물과 사귀신다"라고 확신이 있게 말한다. 피조물은 하나님이 그와 더불어 사귐을 갖는 하나님의 사랑의 파트너라는 것이다. 테레사는 하나님이 피조물과 더불어 사귀신다는 사실에서 "하나님의 위대함"을 보고 그것을 기리게 된다.

피조물과 더불어 사귐을 가지시는 하나님이 위대하다면, 하나님의 사랑의 사귐의 대상이 되는 피조물도 위대한 존재가 아닐 수 없다. 위대하신 하나님의 사귐의 대상이 되는 존재라면, 그 존재도 상당히 위대한 존재일 수밖에 없다는 것이다. 테레사는 피조물 중에서 특별히 인간을 주로 염두에 둔다.

피조물 중에서 특별히 인간은 "하나님의 모습"(image of God)으로 지음 받았다.(창 1:26) "하나님의 형상"으로 지음 받은 인간은 그 지위에 합당한 높은 평가를 받아야 마땅할 것이다. 그런데 현실적으로 그런 바른 평가 안목을 갖지 못한 사람들이 많으므로, 이 점에 대하여 테레사는 상당히 아쉬

---

[52] 데레사, 『영혼의 성』, 247 이하.

워하고 있는 것이다. 하나님은 인간을 포함한 만물의 창조주이다. 만들어진 것 안에는 그것을 만드신 분의 지혜와 능력과 사랑이 깃들어 있다. 만물은 자신을 만드신 창조주의 지혜와 능력과 사랑을 드러내고 있으므로, 만물은 그 본질적 성격에서 하나님의 영광, 하나님의 자기 표현이다. 송성진의 표현을 빌리면, 하나님의 자기 표현으로서의 만유는 곧 "하나님의 영광을 드러내는 성례전적 존재"이다.[53] "우리가 하나님의 자기 표현 내지 성례전인 피조물을 사랑한다는 것은 그 자기 표현의 주인공이신 하나님을 사랑하는 것과 다르지 않다. 이것은 이웃을 사랑하되, 하나님과 관련해서, "하나님 때문에" 이웃을 사랑하라는 어거스틴의 사랑 사상과 통하는 말이다.[54]

셋째, 테레사의 신학에 하나님이 만유를 내포한다는 사상이 있다. 테레사는 다음과 같이 말한다.

> 주께서는 다음과 같은 은혜를 주시는 때가 있습니다. … 이야말로 대단한 지성의 보임으로서, 여기서는 존재하는 모든 것이 어떻게 하느님 안에 보이고, 어떻게 하느님은 그 모든 것을 당신 안에 지니고 계시는가 환히 드러나는 것입니다.[55]

---

[53] 송성진, "기독자의 완전을 위한 관상과 활동의 중요성." 『신학과 세계』 88 (2016년 겨울호), 145.
[54] 성 아우구스티누스, 『삼위일체론』, 250.
[55] 데레사, 『영혼의 성』, 233.

테레사가 주님이 주신 "지성적 보임"(intellectual vision)의 은혜에 힘입어 깨닫게 된 것은 하나님이 존재하는 "모든 것을 당신 안에 지니고 계시다."는 진리이다. 만유를 품어 당신의 존재 안에 지니시는 신에 대한 이해는 현대 신학 사상 중 "과정신학"(process theology) 내지 "만유재신론"(panentheism)의 중요한 내용에 해당하는 것이다.[56] "만유재신"이라는 말은 곧 만유가 하나님 안에 있게 된다는 뜻인데, 이는 다시 말해서 하나님이 만유를 받아서 품는다는 뜻이다. 이러한 이해는 즉 하나님에게 우주적 음성(陰性)이 있음을 뜻한다.[57]

송성진은 테레사의 『영혼의 성』 중에서 "스스로의 자유를 고스란히 바쳐서, 바로 주께서 하신 그대로 전 인류의 노예로 자기를 팔아 잡수소서."[58]라는 부분을 인용한 후에 다음과 같이 말한다.

나는 여기서 테레사가 암묵적으로 전제하고 있지만, 그러나 명시적 조직적으로 진술하지는 않은 어떤 신학 사상이 있다는 느낌을 받는다. 나의 판단으로 그것은 일종의 과정신학이다. 과정신학은 대개 하나님과 만유를

---

[56] John B. Cobb, Jr. and David Ray Griffin, *Process Theology: An Introductory Exposition*, 41-62; Charles Hartshorne, *The Divine Relativity* (New haven and London: Yale University Press, 1948), 89 이하.
[57] 물론 하나님에게는 우주적 음성(陰性)과 함께 우주적 양성(陽性)도 있다. 하나님은 그의 우주적 양성에 따라서 우주 만물을 창조하시고, 그 우주 만물에 대하여 온갖 종류의 능동적 영향을 미치신다.
[58] 테레사, 『영혼의 성』, 277.

피차 구별하되, 또한 그 두 실재를 밀접하게 연관시키는 신학이다. … 과정신학자 찰스 핫스혼이 말한 바, 하나님은 만유 포괄적 존재로서 "세계의 전체성"(the wholeness of the world), 즉 "전체"(the Whole)이시다. 그렇다면 만유 중 "지극히 작은 자 하나"에 대해서라도 소홀히 한다면, 그것은 곧 하나님의 전체 현실 중 그 부분만큼을 소홀히 하는 것이요 전적인 사랑에 미치지 못하는 것이다. 하나님은 "전체"(the Whole)이시니, 하나님을 온전히 사랑할 때는 "전체"에서 하나라도 빠진 것이 없이 사랑해야 마땅하다. 전체이신 하나님에 대해서는 전적인 사랑을 드려야 한다. 전체이신 하나님에 대한 전적인 사랑은 필히 만유에 대한 사랑을 내포해야 한다.[59]

나는 테레사의 신학이 과정신학과의 암묵적인 유사성을 지니고 있다는 송성진의 주장이 설득력이 있다고 판단한다. 하나님에 대한 사랑과 이웃에 대한 사랑을 불가분리하게 연결시키고 있다는 점에서[60] 테레사의 신학은 과정신학적이다.

하나님이 만유를 내포한다면, 이웃에 대한 우리의 사랑도 그 하나님 안에 내포될 것이다. 따라서 이웃에 대한 우리의 사랑도 단지 그 이웃에게만 머무는 것이 아니라 결국에는 하나님에게까지도 드려지게 될 것이다. 그

---

[59] 송성진, "기독자의 완전을 위한 관상과 활동의 중요성." 『신학과 세계』 88 (2016년 겨울호), 142, 144.
[60] 하나님에 대한 사랑과 이웃에 대한 사랑을 불가분리하게 연관시키는 테레사 신학의 본문적 증거는 데레사, 『아빌라의 성녀 데레사의 소품집』, 부산 가르멜 여자 수도원 역, 제7장 등을 비롯하여 그녀의 저서 도처에서 발견된다.

러므로 동료 피조물에 대한 우리의 사랑은 곧 하나님에 대한 사랑도 된다. 동료 피조물에 대한 우리의 기여적, 양적(陽的) 활동은 그와 동시에 하나님에 대한 우리의 기여적, 양적(陽的) 활동이 되는 것이다.

세상에 피조물들은 무수히 많고, 각 피조물들이 처한 상황은 매우 다양하다. 따라서 동료 피조물들을 사랑하는 구체적인 방법들도 당연히 무수히 많을 것이다. 방법이야 어떠하든 중요한 것은 그 방법을 통해서 하나님의 기뻐하시는 뜻, 사랑의 뜻을 이루어드리는 것이다. 테레사의 경우 그녀가 행한 구체적인 이웃 사랑의 실천 중에서 몇 가지 주목할 만한 것들이 있다. 우선 그녀는 『천주 자비의 글』, 『완덕의 길』, 『영혼의 성』, 『창립사』 등 여러 책들을 저술했다.[61] 이러한 책들 안에 담겨진 바 그녀 자신이 체험하고 깨달은 하나님의 은혜와 진리는 당대의 기독교인들뿐만 아니라 오늘 우리에게까지 큰 도움을 주고 있다. 또 그녀는 자신이 속한 가르멜회를 개혁하였고, 여러 수도원을 창립하기도 하였다.[62]

2) 인간의 하나님과의 올바른 관계: 음양 통합적 사랑

앞에서 제시된 바, 인간의 하나님에 대한 올바른 관계를 다시 요약해서

---

[61] 테레사의 작품들에 대한 자세한 소개는 많은 자료가 있지만, 한국어로 근간에 번역된 다니엘 데 파블로 마로토(Daniel de Pablo Maroto) 신부가 지은 『성녀 테레사의 기도 영성』, 제4장이나, 방효익의 『예수의 데레사 입문』, 제10장을 참조할 수 있다. 다니엘 데 파블로 마로토, 『성녀 테레사의 기도 영성』, 윤주현 역, 245-321.; 방효익, 『예수의 데레사 입문』, (화성: 수원가톨릭대학교출판부, 2010), 331-460.
[62] 엠마누엘 르놀, 『영성의 대가: 아빌라의 성녀 데레사의 신비적 체험』, 57 이하.

설명하면 다음과 같다. 인간과 하나님 사이의 사랑은 음과 양의 양 측면을 지닌다. 이 두 측면 중에 어느 하나라도 빠지면 그 둘 사이에 진정한 사랑은 이루어질 수 없다. 예를 들어 누군가 하나님에 대한 수동적 음의 순간이 결여된 상태에서 하나님에 대하여 능동적 양적 사랑을 시도한다고 해도 그것은 불가능할 것이다. 사랑의 진리나 사랑의 능력을 하나님께로 받은 바 없이 어떻게 하나님을 사랑할 수 있겠는가? 불가능하다. 그런 의미에서 아래의 성경 말씀은 진리이다.

> 우리가 사랑함은 그가 먼저 우리를 사랑하셨음이라(요일 4:19).

또한 인생이 하나님에 대한 수동적 음의 순간은 충실하게 가졌다고 해도 하나님께 되돌려 드리는 능동적 양의 순간이 없다면 어떻게 되겠는가? 그는 하나님께 감사할 줄 모르고 하나님의 뜻을 따를 줄 모르는 자이니, 결국에는 하나님으로부터 더 이상의 은혜를 받을 수 없는 상황이 닥치게 될 것이다. 먼저 받음이 없이는 내어 드릴 것이 없다는 것은 진리이다. 그와 마찬가지로 내어 드림이 없다면 종래 더 이상 받지 못하게 됨도 진리이다. 진실한 신앙적 삶의 실현을 위해서는 음(陰)의 입구도 열려 있어야 하고, 양(陽)의 출구도 열려 있어야 한다. 이 두 문은 항상 함께 열려 있어야 한다. 그 두 문 중 어느 한 문이라도 막히면, 결국 두 문 다 막히게 된다.

인간의 하나님과의 관계에서 음과 양은 통합되어야 한다. 테레사의 표현을 빌리면, "관상적인 삶"과 "활동적인 삶," "마리아"와 "마르다"는 통합되어야 한다.[63] 관상은 하나님 앞에서의 인간의 음적 수용성이 지극한 형태로 나타난 것이다. 관상은 하나님 앞에서의 지극한 수동성이다. 관상에서는 음적 수동성이 지배적이다. 그러나 관상의 지배적인 수동성 안에는 이미 양적 능동성의 싹이 트고 있다.

하나님에 대한 직접적 사랑의 표현으로서의 예배나 또는 이웃을 섬김으로써 하나님을 섬기는 방식의 하나님 사랑은 하나님에 대한 양적 능동성의 지극한 형태이다. 그런데 하나님에 대한 이러한 양적 능동성은 그와 동시에 음적 수동성을 요청하고 있다. 왜냐하면, 하나님에 대한 능동적 사랑의 표현이 멈추지 않고 계속되려면, 하나님으로부터 그 사랑의 빛과 불을 계속 받아야 하기 때문이다. 그러므로 인생이 하나님을 사랑하는 사건이 힘차게 그리고 끝없이 계속되려면, 인생의 하나님에 대한 관계는 음양 통합적이어야 한다.

활동에 앞서 존재가 있다. 존재로부터 활동이 나온다. 사랑의 존재로부터 사랑의 활동이 나온다. 사랑의 존재가 되려면, 하나님의 사랑을 내 존재 안으로 받아들여야 한다. 존재가 이루어지면, 그에 부합한 활동은 거기서 나올 것이다. 테레사는 하나님과 세상을 위한 인생의 사랑의 양적(陽的) 활동을 중요하게 생각하지마는, 그러나 그것을 가능케 하는 전제 조건으로서 하나님의 은혜에 대한 음적(陰的) 수용에 대한 지대한 관심을 가지고 있으며, 그 문제를 거듭해서 언급한다.

---

[63] 데레사, 『아빌라의 성녀 데레사 소품집』, 275.

테레사의 저서 중에 나타나는 영혼에 대한 비유들 중에서 우리들에게 강렬하게 기억되는 것으로 『영혼의 성』에 등장하는 "궁성"(castle)과 "궁방"(room),[64] 그리고 그녀의 자서전, 『천주 자비의 글』에 등장하는 "정원"[65]이 있다. "궁성," "궁방," 그리고 "정원" 비유의 공통점은 이들이 모두 하나님과의 관계에서 음적(陰的), 수용적 측면의 영혼을 가리키고 있다는 점이다. 여기서 우리가 주목할 점은 테레사가 하나님에 대한 영혼의 음적 수용성의 심도 내지 순도에서 등차가 있다고 본 점이다. 영혼의 음적 수용성의 등차는 곧 영혼의 완전성의 등차를 의미하다.

영혼의 완전성의 등차 개념은 사도 바울에게서도 보인다. 예를 들어 바울의 다음 말을 고려해 보기로 하자.

> 우리가 다 수건을 벗은 얼굴로 거울을 보는 것 같이 주의 영광을 보매 그와 같은 형상으로 변화하여 영광에서 영광에 이르니 곧 주의 영으로 말미암음이니라(고후 3:18).

바울에 의하면, 성도는 주님의 영광을 바라봄으로써 그분의 형상으로 변화하게 된다고 한다. 성도가 주님을 본다는 것은 곧 성도가 주님에 대하여 음적, 수용성의 관계로 들어갔다는 것을 의미한다. 보는 것은 받는 것이기 때문이다. 성도는 주님과의 음적 수용성의 관계 속에서 자기 존재의 변화

---

[64] 데레사, 『영혼의 성』, 23.
[65] 데레사, 『천주 자비의 글』, 94.

를 체험한다. 그런데 그 변화는 획일적인 방식이 아니라 "영광에서 영광에 이르는" 등차적, 상승적 방식이다. 영혼의 영화(榮化)에 관한 바울의 위 말씀이 진리라면, 성인들의 거룩성도 획일적인 것이 아니라 등차적인 것으로 이해된다.

하나님에 대한 음적 수동성의 관계 속에서 영혼에게 일어나는 영적 변화의 등차성에 관한 사상은 테레사의 사상에서 두드러지게 나타난다. 예컨대, 테레사의 『영혼의 성』을 살펴보기로 하자. 『영혼의 성』에 나오는 "궁성"은 영혼에 대한 비유이다. "궁성"으로서의 영혼이란 그 안에 하나님이 거하시는 장소로서의 영혼 전체를 가리킨다. 테레사에 의하면, 한 "궁성" 안에 여러 "궁방들"이 있다.[66] 『영혼의 성』은 특별히 7개의 "궁방들"을 설정한다. 주어진 "궁방"은 한편으로는 하나님이 영혼 안에 현존하시는 처소를 가리키지만, 그와 동시에 해당 영혼이 하나님과 더불어 갖는 교제의 친밀성과 순수성의 정도를 가리킨다. 인생은 자기 영혼 안에 자기 존재의 중심적 자리를 정하게 되는데, 실존적으로 실현된 영성의 수준에 따라서 제1궁방에서부터 제7궁방까지 전진적으로 정하게 된다. 제1궁방으로부터 제7궁방으로의 전진은 곧 영혼의 하나님에 대한 교제가 그 순도나 친밀성에 있어서 그만큼 더 높아졌음을 의미한다.

여기서 우리는 일곱 궁방 모두를 자세히 다루는 대신에 첫 번째 궁방인 제1궁방과 마지막 궁방인 제7궁방을 살펴봄으로써 테레사의 영혼의 등차

---

[66] 데레사, 『영혼의 성』, 25.

적 성화(聖化) 내지 영화(榮化) 사상을 살펴보고자 한다. 테레사에 의하면 제1궁방은 "자아 인식"의 단계이다.

> 다른 궁방으로 옮아서 날아가기에 앞서서 자아 인식의 자리인 이 궁방으로 들어가는 것이 우선 가장 급한 일이니 이것이 바로 제 길이기 때문입니다. … 우리가 하느님을 알려고 힘쓰지 않으면 절대 자아 인식에 도달할 수 없다고 나는 생각합니다. 높고 높은 당신을 우러러보노라면 낮고 낮은 우리가 다가오는 것, 당신의 맑으심을 우러러보노라면 우리의 더러움이 보이는 것, 당신의 겸손을 익히 생각하노라면 겸손에서 아득히 먼 자신을 우리는 보는 것입니다.[67]

제1궁방은 하나님과 자기 자신에 대한 중요한 인식이 이루어지는 단계이다. 제1궁방 단계의 영혼은 하나님이 나에 대하여 위대한 분이신 것과 내가 하나님에 대하여 낮은 존재임을 인식하게 된다. 이 인식은 중요하다. 궁성 밖에서 배회하지 않고 궁성 안으로, 특별히 제1궁방 안으로, 들어간 영혼은 자기 자신과 하나님에 대한 기초적인 인식을 갖게 되었다는 점에서 상당히 훌륭하다. 그러나 그 영혼은 여전히 많은 불완전함을 지니고 있다. 이 불완전에 대하여 테레사는 다음과 같이 말한다.

---

[67] 데레사, 『영혼의 성』, 36 이하.

여기 첫 궁방 사람들은 세속에 찌들고, 쾌락에 빠지고, 명예와 야욕에 들떠 있기 때문에, 영혼에 딸려 있는 감각이나 능력들이 하느님께서 그 본성에 부어주신 힘을 쓰지 못하게 되는 것입니다. 따라서 마음으로는 하느님을 거스리고 싶지 않고, 나쁜 일을 하지 않는다 하더라도 그 영혼은 쉽사리 정복당하게 됩니다.[68]

제1궁방 단계의 영혼은 아직 "세속"의 "쾌락," "명예," "야욕" 등의 유혹으로부터 자유롭지 못하고, 그만큼 하나님과의 교제의 순도와 강도가 아직 낮다.

그러므로 영혼은 전진해야 한다. 테레사의 표현으로 하면, 영혼은 하나님의 은혜를 힘입어 "완전에서 전진하기"(advance in perfection)[69]를 해야 한다. 영혼은 도우시는 은혜의 환경하에서 힘써 노력하여 제1궁방에서부터 제2, 제3, 제4, 제5, 제6궁방을 거쳐 제7궁방에 도달하게 된다. 테레사는 제7궁방의 경지에 대하여 다음과 같이 말한다.

정녕 이것은 성바울로께서 말씀하신 바 "주님과 결합하는 사람은 그분과 한 영이 됩니다"(1고린 6,17)는 것으로, 하느님께서 영혼과 하나가 되신 것을 전제로 하는 영적 결혼을 말함일 것입니다. 성인은 또 말씀하셨습니다. "나에게는 사는 것이 곧 그리스도이고 죽는 것이 이익입니다."(필립 1.21)

---

68 데레사, 『영혼의 성』, 38 이하.
69 Teresa of Avila, *The Collected Works of Saint Teresa of Avila*, Vol. 2, 4.

... 일체의 욕망은 이미 정복되어서 이 궁실에 들어오기를 무서워하는 것이니, 들어왔다가는 참패를 당하고 나가겠기에 그러합니다.[70]

테레사는 제7궁방의 경지를 하나님과 영혼 사이의 "영적 결혼"의 경지, 그리스도에 대하여 거스리는 죄된 자아는 죽고 그리스도가 자신의 "내 생명의 생명"(Life of my life)[71]이 되는 경지라고 말한다. 이때의 영혼의 상태란 마치 "바다로 들어가는 작은 물줄기처럼 바닷물과 구별할 수 없게 되는" 것 같은 상태라고 한다.[72] 테레사는 이 상태의 영혼에 대하여 "바다로 들어가는 작은 물줄기" 같다고 했으니, 다시 말해서 영혼은 하나님의 존재의 바다로 흘러 들어감으로써 하나님을 닮는 자, 하나님의 뜻과 능력에 참여하는 자가 되는 것이다. 이러한 경지의 영혼에 대하여 동방 신학 전통은 "신의 성품에 참여하는 자," "신화"(神化) 등의 표현을 사용했다.[73]

다시 말하자면, 제7궁방 단계란 이 세상에서 도달할 수 있는 하나님에 대한 영혼의 음적(陰的) 수용성의 최고 수준이라고 볼 수 있다. 음적 수용성의 최고 수준은 곧 최고 수준의 존재 변화를 의미하고, 최고 수준의 존재 변화는 곧 최고 수준의 양적(陽的) 기여 가능성을 의미한다. 영혼은 주께 받은 대로 되고, 된 대로 사랑할 수 있다.

---

[70] 테레사, 『영혼의 성』, 258, 262.
[71] 테레사, 『영혼의 성』. 258; Teresa of Avila. *The Collected Works of Saint Teresa of Avila*, Vol. 2, 435.
[72] 테레사, 『영혼의 성』, 257.
[73] 대니얼 B. 클렌데닌, 『동방 정교회 신학』, 주승민 역 (서울: 은성, 1997), 283-299.

2. 인간의 이웃과의 관계에서의 음양 통합성

예수 그리스도는 제자들에게 하나님에 대한 사랑과 함께 또한 이웃에 대한 사랑을 가르치셨다. 예수님에 의하면, 최고의 계명은 하나님 사랑과 이웃 사랑으로 요약된다. 테레사 자신도 "하느님께 대한 사랑"과 함께 또한 "이웃에 대한 사랑"의 중요성을 강조한다.[74] 기독교 신앙에서 이웃 사랑은 은사인 동시에 책임이다. 이웃 사랑이 은사인 것은 그것이 자력으로 되는 일이 아니기 때문이다. 이웃 사랑은 하나님이 내려 주시는 사랑의 능력에 의해서만 가능한 은사이다. 그와 동시에 이웃 사랑은 책임이다. 하나님께로부터 이웃 사랑의 능력을 은사로 받은 사람은 그 받음과 동시에 이웃 사랑의 책임을 지게 된다. 이웃 사랑의 은사적 측면은 음적(陰的) 수용성의 문제이다. 이웃 사랑의 책임적 측면은 양적(陽的) 활동성의 문제이다. 사랑의 능력을 받았으므로, 또한 사랑을 주어야 한다. 테레사의 사랑 사상을 보면 비단 하나님에 대한 사랑에서뿐만 아니라 이웃에 대한 사랑에서도 음양 통합적이다.

1) 인간의 이웃과의 관계: 음의 자리와 양의 자리

이웃에 대한 사랑은 두 가지 측면을 지닌다. 그 하나는 음적 수용성이

---

[74] 데레사, 『완덕의 길』, 92 이하; 데레사, 『영혼의 성』, 128 이하.

고, 다른 하나는 양적 능동성이다. 이웃 사랑이 온전하게 성취되려면 이 양 측면 모두가 온전해야 한다. 이웃에 대한 음적 수용성은 이웃의 처지에 대한 공감적 참여를 의미한다.

하나님과의 사랑의 관계에서 그러하듯이 동료 피조물, 특별히 동료 인생과의 관계에서의 사랑의 관계에서도 논리적 순서는 먼저 음의 자리이고 그 다음에 양의 자리이다. 먼저 음적으로 받아들이는 일이 있고, 그 다음에 양적으로 내놓는 일이 있다.

인생이 이웃에 대한 사랑과 관련하여 먼저 음(陰)의 자리에 선다고 할 때에 거기에 관계되는 대상은 둘이다. 그 대상 중 하나는, 이미 앞에서 살펴본 바와 같이, 하나님이다. 대상 중 다른 하나는 동료 피조물, 곧 우리의 이웃이다. 하나님에 대하여 먼저 음의 자리에 선다는 말의 의미가 하나님으로부터 먼저 사랑의 진리와 능력을 받는다는 뜻이라면, 이웃에 대하여 먼저 음의 자리에 선다는 의미는 무엇인가? 그것은 이웃의 처지와 형편에 대하여 공감적 이해가 있어야 한다는 말이다. 이 세상에 이런저런 모양의 고통이 많으므로, 음적 수용성의 이웃 사랑이란 곧 이웃의 고통에 대한 참여의 형식으로 나타나게 된다. 이웃을 위한 양적, 능동적 행위에 앞서 이웃의 처지와 형편에 대한 올바른 이해를 갖고 그러한 이해 위에서 이웃에게 지금 무엇이 참으로 필요한지 판단하는 것이 요청된다.

우리는 앞에서 테레사의 사상에서 한 인생의 이웃에 대한 사랑의 능력은 그 사람 자신에게서가 아니라 하나님에게서부터 오는 것임을 살펴보았다. 우리는 앞에서 테레사가 그녀의 저서『영혼의 성』에서 마리아와 마르다를 인간과 주님 사이의 음양적 사랑의 관계에 대한 상징으로 사용하는 것을 살펴보았다. 여기서 마리아는 인생의 주님에 대한 음적, 수용적 사랑이다. 그리고 마르다는 주님에 대한 양적 능동적 사랑이다.

그런데 흥미롭게도 테레사는 그녀의 또 다른 저서인 『하느님 사랑에 관한 생각』에서는 마리아 상징과 마르다 상징, 특별히 마르다 상징의 의미 영역을 좀 더 확대하고 있음을 본다. 마리아는 위 책에서 여전히 주님에 대한 음적(陰的) 사랑의 상징이지만, 그러나 이제 마르다는 인간의 인간에 대한 양적(陽的) 사랑의 상징으로 사용되고 있음을 본다. 테레사는 다음과 같이 말한다.

> 영혼은 … 다른 은혜를 청하면서 "꽃으로 생기나게 해달라"고 청하는 것입니다. 이 꽃의 향기는 세상에서 맡는 향기와는 전혀 다릅니다. 제가 이해하기로는, 이 말을 통해서 영혼은 이웃을 섬기는 일에서 위대한 일을 할 은혜를 청하는 것 같습니다. 이 목적을 위해서 영혼은 저 기쁨과 만족을 기쁘게 희생하려는 것입니다. 비록 자신의 삶이 관상이기보다는 더욱 활동적인 삶이 되더라도 말입니다. 그러니까 이 청이 허락된다면 그는 무엇인가 손해본 것처럼 보이겠지만, 사실 영혼이 이 상태에 있게 되면 마르다와 마리아는 결코 떨어지지 않고 거의 언제나 함께 일합니다. 영혼은 활동적 — 보기에 외적인 — 일을 하면서, 내면적으로도 일하고 있기 때문입니다. 활동적 일이 이 내면의 뿌리에서 생겨날 경우, 이 일들은 사랑스럽고

매우 향기로운 꽃이 됩니다.[75]

마리아적 음적 수용성의 순간에 주님으로부터 받은 사랑의 능력으로써 이제 단지 주님뿐만이 아니라 동료 피조물을 사랑하게 된다고 말하는 것이다. 위 인용문에서 "활동적인 일이 이 내면의 뿌리에서 생겨난다"는 표현이 이러한 사상을 보여 준다. 해당 구절에 대한 키란 카바나우와 오틸리오 로드리구에즈(Kieran Kavanaugh and Otilio Rodriguez)의 영어 번역은 다음과 같다.

And when the active works rise from this interior root.[76]

여기서 부산 가르멜 여자 수도원이 "활동적인"이라고 번역된 말에 해당되는 영어 단어는 "active"이다. "active"라는 말은 "활동적인"이란 번역도 가능하지만, 또한 "능동적인"이란 번역도 가능하다.

"능동적인" 그 "일"의 내용은 무엇인가? 그것은 다름 아니라 "이웃을 섬기는 일"이다. 즉 이웃을 향한 양적(陽的), 능동적 사랑이다. 이웃을 향한 양적, 능동적 사랑의 출처는 "내면의 뿌리"라고 한다. 그러면 "내면의 뿌리"라는 은유는 무엇을 가리키는 것일까? 그것은 결국 우리 안에 내

---

[75] 데레사, 『아빌라의 성녀 데레사 소품집』, 275.
[76] Teresa of Avila, *The Collected Works of Saint Teresa of Avila*, Vol. 2. trans, by Kieran Kavanaugh and Otilion Rodriguez, 257.

주하는 하나님의 사랑의 능력을 말한다. 그리고 그 사랑의 능력 내지 "내면의 뿌리"는 그 궁극적 근원으로 하나님 이외에 다른 무엇을 가리키지 않는다.

다시 말해서 여기서 우리가 주목해야 할 점은 이웃을 향한 양적(陽的) 능동적 사랑의 원천은 오직 하나님에 대한 음적(陰的) 수용성 속에서 하나님으로부터 전해 받은 사랑일 뿐이라는 것이다. 테레사는 위 인용문에서 인생의 하나님에 대한 음적 수용성의 지극한 형태를 "관상"이라고 부르고 있다. 인생은 오직 하나님으로부터 먼저 받은 사랑을 가지고서만 이웃에게 사랑을 베풀 수 있다. 하나님 밖에는 다른 사랑의 출처가 없다.

"그 꽃들은 하느님의 사랑이라는 나무에서 생기며"라는 표현도 중요한 신학적 진리를 보인다. 여기서 "나무"는 존재를, "꽃"은 존재에 달린 선행을 가리킨다. 사랑의 존재에서 사랑의 행위가 나온다. 체(體)에서 용(用)이 나온다. 그런데 체, 즉 사랑의 존재는 하나님의 사랑의 진리와 사랑의 능력을 실존적으로 내 존재 안으로 받아들일 때에 출현하게 되는 것이다. "그 꽃들은 하느님의 사랑이라는 나무에서 생기며"라는 "나무" 은유는 요한 웨슬리의 다음과 같은 "선목선과"(善木善果)의 성화 사상을 연상시킨다.

그러므로 만약 그의 심령이 더 이상 악하지 않을 경우, 더 이상 악한 생각이 거기서 나오지 않을 것입니다. 만약 나무가 부패한 것이라면, 그 열매도 또한 그러할 것입니다. 그러나 만약 그 나무가 선하다면, 그 열매도 또

한 선할 것입니다.[77]

이웃과 관련한 선한 열매란 결국 이웃에 대한 선한 생각과 선한 행위이다. 이것은 이웃에 대한 선한 양적, 능동성이다.

그런데 하나님에 대한 음적 수용성에서 곧 바로 이웃에 대한 양적 능동성으로 넘어가는 것이 아니다. 그 사이에 이웃에 대한 음적 수용성이 자리해야 한다. 이웃에 대한 음적 수용성이란 이웃의 처지와 형편에 대한 공감적 이해이다. 이웃이 기쁜 처지에 있으면 그런 줄 바르게 알아야 하고, 이웃이 슬프거나 아프면 그런 줄 바르게 알아야 한다. 이 바른 공감적 이해가 바로 선한 수동성이다.

이 선한 수동성 다음에 뒤따라 나오는 것이 그 이웃을 향한 양적(陽的), 기여적 사랑이다. 이러한 사랑은 진실되게 기뻐하고 행복해하는 이웃이 있다면, 그들의 기쁨과 행복을 더욱 더 증대시키려는 행동이 선한 능동성이다. 또 그것은 슬픔과 고통 중에 있는 이웃이 있다면, 그들의 슬픔과 고통을 감소시키거나 소멸시키고자 하는 자비의 능동성이다. 이와 같이 이웃의 행복이나 고통이 내 심령 속으로 바르게 들어오는 것이 선한 음적 수동성이요, 그들의 처지에 따라서 올바르게 대응함이 선한 양적 능동성이다.

존재에 행위가 따른다. 체(体)가 어떠한가에 따라서 그에 부응하는 용

---

[77] John Wesley, *The Works of John Wesley*, Vol. 2. (Nashville: Abingdon Press, 1985), 117.

(用)이 따른다. 테레사는 바람직한 용(用), 즉 사랑의 양적 적극성을 다음과 같이 꽃의 향기에 비유한다.

> 그 꽃들은 하느님의 사랑이라는 나무에서 생기며, 어떤 사심(私心)도 없이 오직 하느님만 위해서 꽃피기 때문입니다. 이 꽃에서 나오는 향기는 많은 이에게 도움을 주기 위해 널리 번져나갑니다.[78]

내가 이웃을 향해서 발한 선행의 향기는 내 편에서는 양적 능동성의 사건이 되지만, 그것을 받게 되는 내 이웃에게는 음적 수동성의 사건이 된다.

테레사의 사상에서 이 세상에 있는 모든 사랑의 행위, 모든 선행의 궁극적 원천은 하나님이요, 또 그 모든 사랑의 행위, 모든 선행의 궁극적 수용자도 하나님이다. 따라서 우리는 테레사와 함께 이렇게 말할 수 있을 것이다. 사랑의 향기는 하나님에게서 근원적으로 발출하여, 나를 통해서 내 이웃에게 이르고, 종국에는 다시 하나님에게로 돌아간다.

2) 인간의 이웃과의 올바른 관계: 음양 통합적 사랑

이웃과의 관계에서 있을 수 있는 두 가지 대조적인 경우들을 생각해 보자. 하나는 음적(陰的) 수용성만 있고 양적(陽的) 능동성은 없는 경우이다.

---

[78] 테레사, 『아빌라의 성녀 데레사 소품집』, 275 이하.

그 반대의 경우는 음적 수용성은 없고 양적 능동성만 있는 경우이다. 양자 모두 이웃에 대한 온전한 사랑이 될 수 없다. 전자의 경우, 음적 수용성을 통한 이웃과의 동고동락은 있다. 그러나 상대방을 고통에서 벗어나게 하거나 혹은 상대방의 행복을 더욱 더 증대시키는 양적 능동성은 없다. 이것은 온전한 사랑이 아니다. 양적 능동성 하나만 있는 후자의 경우는 이와 대조적이다. 이 경우, 음적 수용성의 결여로 말미암아 상대방에 대한 무감각 내지 상대방의 처지에 대한 정확한 판단의 결여가 초래된다. 상대방의 처지에 대한 무감각 내지 몰이해 상태에서의 소위 상대방에 대한 선행이란 실상은 선행이 아니라 일방적 자기 존재 과시에 불과하다. 여기에 온전한 의미의 선행, 사랑의 행위가 존재할 수 없다. 이 경우 상대방에게 도움이 되기보다는 오히려 그 반대인 경우가 많다. 그러므로 이웃에 대한 온전한 사랑은 필연적으로 음양 통합적 성격을 지녀야 한다.

이웃 사랑의 음성(陰性)과 양성(陽性) 사이의 논리적 순서를 살펴보면, 먼저 와야 하는 것은 음성이다. 음성에서의 사랑은 상대방의 상태와 처지를 공감적으로 경험하여 아는 것이다. 고난과 슬픔이 많은 이 세상에서의 이웃에 대한 음적(陰的) 사랑은 흔히 함께 아파하고 함께 슬퍼하는 형태를 띠게 된다. 테레사는 다음과 같이 말한다.

여러분이 알아두어야 할 점은 슬픔도 가지가지라는 것입니다. 어떤 슬픔은 기쁨이나 마찬가지로 불현듯이 인간 본성에서 오는가 하면, 또 어떤 슬픔은 주께서 라자로를 부활시키셨을 때와 같이 이웃을 어여삐 여기는 사랑에서 오기도 합니다. 이런 슬픔은 하느님의 뜻에 어긋나지도 않고 오랜 불안과 걱정 속에서 영혼이 환란 상태에 있게 하지도 않습니다.[79]

기쁨의 종류도 여러 가지인 것처럼, 슬픔의 종류도 과연 여러 가지이다. 진리에 부합한 삶을 사는 중의 기쁨은 참된 기쁨이다. 그러나 진리를 거스리는 중에 자기 자신이나 이웃에게 해를 끼치면서 주관적으로, 제멋대로 경험하는 기쁨은 거짓된 기쁨, 사악한 기쁨이다. 슬픔도 마찬가지이다. 예를 들어 부적절한 욕심을 내고 그 욕심을 채우지 못함으로 말미암아 경험되는 주관적인 슬픔은 올바른 슬픔이 아니다.

예수님은 나사로의 죽음 사태와 관련하여 슬픔에 빠진 사람들의 처지에 진실한 음적(陰的) 사랑으로써 공감적으로 참여하였다. 이러한 진실된 공감적 참여 속에서 예수님이 경험하신 "슬픔"은 진실한 슬픔이다. 테레사에 의하면, 이 슬픔은 "이웃을 어여삐 여기는 사랑"(the charity of compassion for one's neighbor)이다.[80] 예수님의 제자인 우리도 이러한 올바른 공감적 사랑, 진실한 슬픔의 능력을 지녀야 한다. 관련 성경의 본문은 다음과 같다.

마리아가 예수 계신 곳에 가서 뵈옵고 그 발 앞에 엎드리어 이르되 주께서 여기 계셨더라면 내 오라버니가 죽지 아니하였겠나이다 하더라 예수께

---

[79] 데레사, 『영혼의 성』, 126.
[80] Teresa of Avila, *The Collected Works of Saint Teresa of Avila*, Vol. 2, 549.

서 그가 우는 것과 또 함께 온 유대인들이 우는 것을 보시고 심령에 비통히 여기시고 불쌍히 여기사 이르시되 그를 어디 두었느냐 이르되 주여 와서 보옵소서 하니 예수께서 눈물을 흘리시더라(요 11:32-35).

음적, 공감적 사랑은 흔히 슬픔의 경험으로 나타나지만, 그러나 거기에 국한될 필요는 없다. 공감적 사랑은 이웃의 슬픔이든 또는 즐거움이든 막론하고 이웃의 구체적인 경험과 현실에 진실하고도 공감적인 방식으로 참여하는 사랑이다. 이는 바울이 "즐거워하는 자들과 함께 즐거워하고 우는 자들과 함께 울라"(롬 12:15)고 말한 바와 같다.

이웃에 대한 음성(陰性)에서의 사랑 다음에는 양성(陽性)에서의 사랑이 온다. 나사로의 죽음 사건과 관련하여 예수님의 행동을 살펴보자면, 그는 먼저 음성에서의 사랑으로써 나사로의 누이들인 마르다 마리아의 슬픔에 동참하였고, 그들과 더불어 슬퍼하였다. 성경의 본문은 예수님이 "눈물을 흘리시더라"라고 증언한다 (요 11:35). 예수님은 눈물을 흘리고 나신 후에 죽은 나사로를 향해서 큰소리로 외쳤다. "나사로야 나오라"(요 11:43). 이것은 예수님이 보이신 양성(陽性)에서의 사랑의 모습이다. 양성에서의 사랑은 이웃의 고통을 없애려 하고 더 나아가서 이웃의 행복을 증진시키기 위해서 능동적인 노력을 행한다.

음성(陰性)에서의 사랑에서든 양성(陽性)에서의 사랑이든 그 사랑의 능력과 심도에 등차가 있다. 이웃의 고통에 대하여 완전히 무감각한 것은 음성에서의 사랑, 공감적 사랑이 아예 없는 경우이겠지만, 그렇지 않고 그러한 사랑이 어느 정도 있다고 하여도 이웃의 고통의 성격과 그 고통의 깊이에 대한 이해의 정도는 사람마다 차이가 있다. 음성에서의 사랑이 부족하면, 따라서 양성에서의 사랑도 부족하게 된다. 일례로 구약의 욥의 친구들은 욥의 고통의 성격과 그 깊이를 제대로 이해하지 못했고, 따라서 그들은 욥에게 제대로 도움을 줄 수 없었다.

양성에서의 사랑도 마찬가지로 등차가 있다. 음적(陰的) 사랑의 측면에서 상당한 정도의 이해와 공감을 가지고 이웃의 고통에 동참한다고 해도, 양적(陽的) 사랑의 순간에 이웃의 그 고통을 덜어 줄 수 있는 능력에서 사람마다 차이가 있기 때문이다. 예수님의 경우에는 죽은 나사로를 소생시키는 형태의 양적 사랑을 행했지만, 우리는 죽은 사람을 살리는 그런 정도의 사랑의 능력을 발휘할 수는 없기 때문이다. 좌우간 우리가 이 세상 사는 동안에, 음성에서의 사랑의 능력이든, 양성에서의 사랑의 능력이든, 그 능력을 증진시키는 끝없는 노력이 필요하다.

테레사는 하나님의 사랑의 마음과의 "합일"의 경지를 지닌 사람들이 이 세상에 매우 적음을 한탄하면서, 특별히 그 한 예로 아직 충분히 성숙하지 못했던 시절 니느웨 백성들에게 하나님의 회개의 메시지를 전하는 중요한 사명을 맡았던 선지자 요나의 예를 다음과 같이 든다.

> 우리 의지가 하느님의 뜻과 정말 합일이 되었으면, 의심할 여지 없이 이 승리는 가능할 것입니다. 이것이 내가 평생을 두고 바라는 합일이요, 이것이 바로 내가 항상 우리 주께 비는 합일입니다. 가장 분명하고 안전한 길입니다.

하지만 슬프게도 여기까지 도달한 사람이 우리 중에 몇이나 되겠습니까? 스스로 몸을 지켜 하느님을 안 거슬린다 하고 수도원이 들어왔으니 할 일은 다한 것같이 여기지마는, 아직도 누에는 살아 있는 게 아닙니까? 마치 요나의 칡넝쿨을 갉아먹던 벌레와 같이(요나 4:6-7. 참조) 우리의 자애심, 자존심, 그리고 하찮은 일을 가지고 남을 판단한다든지, 이웃을 우리 자신처럼 아낄 줄 모르는 사랑의 결핍이라든지, 이런 것들이 덕을 갉아먹고 있다는 것을 깨닫지 못하는 게 아니겠습니까? 기껏 한다는 노릇이 죄짓지 않으려는 것뿐이라면, 하느님의 뜻을 완전히 받아들이기에 필요한 그 마음가짐에는 너무나 먼 것입니다.[81]

테레사에 의하면, "기껏 한다는 노릇이 죄짓지 않으려는 것뿐"인 정도의 소극적 태도만 가지고는 그리스도인의 완전에 도달할 수 없다. 그리스도인의 완전은 "하나님의 뜻과의 합일"에 있는데, 하나님의 뜻은 다름 아니고 사랑이다. 자신의 작은 자아, 즉 에고에 둘러싸인 채 넓은 하나님의 사랑의 세계를 모르는 사람을 테레사는 "누에"에 비유하고 있다.

  자기 중심성과 세상에 대한 집착에 빠진 작은 에고는 죽어야 한다. 작은 에고의 비유인 "누에"는 죽어야 한다. 죽어야 사는 길이 있다. 테레사는 다음과 같이 말한다.

---

[81] 테레사, 『영혼의 성』, 127 이하.

죽읍시다. 저 누에가 그 생겨난 목적을 위한 일을 마치고 죽듯이, 우리도 죽으면 그때에야 비로소 하느님을 뵙고, 마치 고치 안에 있는 누에처럼 우리도 당신의 무한 속에 들어 있다는 것을 알 수 있습니다. 하느님을 뵙는다고 표현한 내 말은 이 경우 당신과의 합일을 영혼이 의식하도록 하신다는 뜻으로 알아두시기 바랍니다.

그럼, 이제는 저 누에가 어떻게 탈바꿈을 하는가를 보기로 합시다. 지금까지 이야기해온 것은 이 때문이었습니다. 인간이 이 기도 상태에 이르고 세속에 아주 죽어버리면 하얀 나비가 되어 나오게 됩니다. 아, 위대하셔라, 하나님의 힘이여! … 여러분들에게 사실을 알려드립니다만, 변모된 그 영혼조차 제 자신이 어떻게 되어가는지를 모르는 것입니다. 하지만 시꺼먼 번데기와 하얀 나비가 다르듯이, 그러한 변모가 여기에서 이루어지는 것입니다. 도대체 무슨 공로가 있기에 이런 행복을 맛보게 되며, 그 행복이 어디서 오는 것인지, 말하자면 자기로서는 그럴만한 값어치가 전혀 없음을 알기 때문에, 그 까닭을 모릅니다. … 전에도 말한 바와 같이, 어느 영혼이 하느님의 은혜로 이 상태에까지 다다르고 앞으로 더 나아갈 노력을 게을리하지 않으면 어마어마한 일들을 보게 될 것입니다.[82]

테레사는 위 글에서 "변모"란 "하느님의 힘," "하나님의 은혜"로 이루어지는 것임을 말하고 있다. 오직 하나님의 힘, 하나님의 은혜로 이루어지

---

[82] 테레사, 『영혼의 성』, 116 이하.

는 "변모"란 곧 사랑 없는 존재에서 사랑 있는 존재로, 그리고 적은 사랑의 존재에서 보다 큰 사랑의 존재로의 "변모"이다. 감리교 전통에서는 이 사랑의 존재로의 "변모"를 "성화"(sanctification)라고 부른다.[83]

요한 웨슬리에 의하면, "믿음이 성화의 조건, 그 유일한 조건"이다.[84] "변모" 즉 성화의 실현을 위해서는 "하나님의 힘" 다음 순서로 인간 편에서의 어떤 역할도 필요하다. 인간 편에서의 역할이란 "하나님의 힘," 즉 하나님의 변모의 능력을 음적(陰的)으로 수용하는 것 뿐이다. 감리교 등 개신교 전통에서는 하나님의 변모의 힘에 대한 인간의 음적 수용을 "믿음"이라고 부른다.[85] "하나님의 힘," 즉 하나님의 "성화"의 힘은 "변모"의 유일한 궁극적 원인인데, 그 하나님의 변모의 힘을 내 존재 안으로 끌어들여서 그 힘에 의해서 내가 실존적으로 변모 내지 성화되는 유일한 조건은 주어진 하나님의 변화의 힘을 인간이 음적으로 수용하는 것이다. 우리가 "믿음"의 주된 의미를 하나님의 은혜에 대한 인간 편에서의 "음적 수용"으로 이해한다면,[86] 요한 웨슬리 등 개신교 전통이나 또는 테레사 등의 로마 가톨릭 전통이나 공히 인간의 "변모" 내지 "성화"는 오직 하나님의 능력, 하나님의 은혜에 의해서, 그리고 오직 인간의 믿음, 인간의 음

---

[83] John Wesley, *The Works of John Wesley*. Vol. 2, 158.
[84] John Wesley, *The Works of John Wesley*. Vol. 2, 163.
[85] John Wesley, *The Works of John Wesley*. Vol. 2, 163.
[86] 폴 틸리히에 의하면, 마틴 루터 이래로 개신교 전통에서의 믿음의 핵심 의미는 하나님의 은총에 대한 "수용"이다. "그[루터]는 믿음은 항상 수용, 오직 수용이라고 말했다"(he said that faith is receiving, only receiving). Paul Tillich, *Perspectives on 19th and 20th Century Protestant Theology* (London: SCM, 1967), 13.

적 수용을 통해서 이루어진다고 말할 수 있을 것이다.

사랑은 인생에게 어떻게 들어오고, 어떻게 인생을 통해서 표현되는가? 먼저 하나님의 사랑이 있다. 하나님의 사랑이 인생의 존재 안으로 들어와야 한다. 이를 위해서 인간 편에서의 하나님의 사랑에 대한 음적(陰的) 수용이 있어야 한다. 하나님의 사랑에 대한 인간의 음적 수용은 곧 그의 존재가 사랑의 존재로 변모하게 됨을 의미한다. 나타난 사랑의 존재는 이웃에 대하여 능동적으로 사랑을 표현한다. 이때의 사랑은 양적(陽的) 수여성으로 나타난 사랑이다. 사랑의 사건은 음양 통합적 사건이다.

3. 하나님 사랑과 이웃 사랑의 상호 연관성

테레사는 얼핏 이웃과의 사랑의 관계보다 하나님과의 사랑의 관계를 더 강조하고 거기에 더 치중하는 것 같은 인상을 주지만, 그러나 그녀의 글을 자세히 살펴보면 테레사는 그 두 관계가 상호 밀접하게, 불가분리하게 연결되어 있다고 보고 있음을 알 수 있다. 테레사는 다음과 같이 말한다.

여기서 주님이 우리에게 요구하시는 일은 단 두 가지, 하느님께 대한 사랑과 이웃에 대한 사랑인 것입니다. 그러기에 이 두 가지만 철저하게 지키면 우리는 당신의 뜻을 이루는 것이 되고 따라서 당신과 하나가 될 수 있습니다. ⋯ 우리가 이 두 가지를 지키고 있는지 정확하게 아는 표적은 이웃 사랑을 잘 하고 있는가 하는 그것이라고 나는 생각합니다. 왜냐하면 하느님을 사랑한다는 일은 표적이 뚜렷하다손 치더라도 정확하게 그것을 알아낼 도리가 없습니다. 이와는 달리 이웃 사랑만은 잘 알 수 있습니다. 여러분은 이웃 사랑을 뜨겁게 하면 할수록, 그만치 하느님 사랑을 한다고 확신하십시오. 우리에 대한 하느님의 사랑은 너무나도 커서, 우리가 이웃을 사랑하는 값으로 당신께 대한 우리의 사랑을 갖가지 방법으로 키워주실 것입니다. 나는 이 사실을 절대로 의심하지 않습니다.[87]

위 인용문의 중심 내용은 하나님 사랑과 이웃 사랑을 밀접하게 상호 연결시키는 것이다. 좀 더 자세히 살펴보건대, 테레사는 위 인용문에서 적어도 두 가지 중요한 주장을 하고 있다.

첫째, 우리 자신이 하나님을 정말 사랑하는지에 대한 확실한 판단을 하기 쉽지 않다. 그에 비하여 우리가 이웃을 정말 사랑하는지 판단하는 것을 상대적으로 쉽다.
둘째, 하나님에 대한 사랑이 증대될수록 그에 비례하여 이웃에 대한 사랑도 증대된다. 테레사의 위와 같은 두 가지 명시적 주장들이 내포하고 있는 보다 충만한 의미는 다음과 같다고 판단된다.

---

[87] 데레사, 『영혼의 성』, 128 이하.

첫째, 하나님에 대한 진실한 사랑이 있는지의 여부를 판단할 수 있는 신뢰할만한 척도는 이웃에 대한 진실한 사랑의 존재 여부이다. 왜 그런가? 이웃에 대한 진실한 사랑이 있다는 것은 즉 이웃을 진실하게 사랑할 수 있는 사랑의 진리와 사랑의 능력을 지니고 있다는 것을 의미한다. 사랑의 진리와 사랑의 능력의 유일한 출처는 하나님이다. 따라서 어떤 사람에게 사랑의 진리와 능력이 있다는 사실은 곧 그가 하나님으로부터 그것을 받았다는 것을 의미한다. 그가 하나님으로부터 그것을 받았다는 것은 즉 그가 하나님과 사랑으로 연결되어 있다는 것을 뜻한다. 요컨대, 이웃에 대한 사랑이 있는 줄 알면, 그와 동시에 이웃 사랑의 가능 근거로서 하나님에 대한 사랑이 있는 줄 알 수 있다.

둘째, 하나님에 대한 사랑과 이웃에 대한 사랑은 상호 간에 상승시키는 효과가 있다. 하나님 사랑이 증대될수록 이웃 사랑도 증대되고, 이웃 사랑이 증대될수록 하나님 사랑도 증대된다.[88] 이 두 사랑은 시간적으로 앞서거니 뒤서거니 서로서로 뒤이어 일어나면서 서로를 증대시킨다. 그러나 이 둘 사이의 논리적인 순서는 하나님 사랑이 먼저이고, 이웃 사랑이 그 다음이라고 판단된다.

그리고 하나님 사랑보다 논리적으로 더 앞서는 것은 하나님이 나를 먼

---

[88] 이 점에 대해서는 Mark O'Keefe의 "Love for Others"에서도 언급된다. Mark O'keefa, *The Way of Transformation: Saint Teresa of Avila on the Foundation and Fruit of Prayer* (Washington D.C.: ICS Publications, 2016), 82.

저 사랑하신다는 것이고, 내 편에서 그 하나님의 사랑을 수용성의 사랑으로써 받아들였다는 것이다. 하나님의 선행적(先行的)인 사랑이 맨 처음에 있고, 그 다음에 그 사랑에 대한 내편에서의 음적 수용성의 사랑이 있다. 그 다음에는 그와 같은 사랑을 베풀어 주신 하나님을 나 또한 사랑하는 사랑, 즉 내 편에서의 하나님을 향한 양적 능동적 사랑이 있다. 그 다음에는 하나님이 사랑하시는 피조물들을 나도 마땅히 사랑하는 일이 있게 된다.

피조물들에 대한 사랑은 단지 피조물들에 대한 사랑에 불과한 것이 아니라 그와 동시에 하나님에 대한 사랑이다. 왜냐하면, 이웃에 대한 나의 사랑은 결국 하나님에게까지 전달되기 때문이다. 이웃에 대한 사랑에 대해서 말하자면, 앞에서 이미 기술한 바와 같이, 먼저 음적 수동성의 순간이 있고, 이어서 양적 능동성의 순간이 있게 된다.

요약해서 말하자면, 테레사의 신학 사상에서 인생이 더불어 사랑의 관계를 맺는 대상은 우선적으로 하나님이요, 그 다음 순서로 동료 피조물들이다. 하나님에 대한 관계와 이웃에 대한 관계는 서로 혼동되지 않고 구별되면서도 또한 서로 불가분하게 연결된다. 먼저 하나님과의 올바른 사랑의 관계없이 이웃과의 올바른 사랑의 관계는 없다.

인간의 하나님과의 올바른 관계는 비단 그 자체로 중요할 뿐만 아니라, 또한 이웃에 대한 사랑의 능력의 원천이 된다. 하나님에 대한 사랑이든 또는 이웃에 대한 사랑이든, 사랑의 능력은 인생 그 자신에게 있지 않고 하나님에게 있다. 따라서 모든 사랑의 수고를 한 후에도 인생은 스스로 자랑할 것이 없다. 그 모든 사랑의 일이 주님으로부터 왔다가 주님께로 돌아가기 때문이다.

제3부

아빌라의 테레사의 음양론적
영성 사상에 대한 신학적 성찰

제1장

아빌라의 테레사의 음양론적 영성신학의 기독교성

나는 서두에서 기독교적 영성에 대한 적절한 신학적 이해를 추구하는 것을 본 논문의 궁극적 목적으로 설정한 바 있다. 그러한 목적을 효과적으로 달성하기 위하여 나는 아빌라의 테레사의 영성신학을 고려하기로 하였다. 나는 영성에 관한 테레사의 글들을 읽으면서 그녀의 영성신학이 결국 음양 통합적 사상으로 이해될 수 있다고 보았다.

이제 우리는 테레사의 음양 통합적 영성 사상이 신학적으로 적절한 것인지에 대하여 신학적 성찰을 해야 할 시점에 도달했다. 기독교 신학을 한다는 것은 기독교 신앙의 진리에 대한 바른 이해를 추구하는 것이다. 그러므로 우리가 이 시점에 물어야 할 신학적 질문은 테레사의 음양 통합적 영성 사상이 과연 기독교 신앙의 진리인가 아닌가이다. 이러한 질문을 염두에 두면서 우리는 테레사의 음양 통합적 영성 사상에 대하여 사려 깊은 "비판적인 반성"(critical reflection)을 하려고 한다.

다른 학문 분야도 비슷하지만, 신앙의 진리를 추구하는 신학은 대개 과거의 신학적 유산을 고려하였다. 그런데 신학하는 사람이 자신의 신학적 작업 중에 과거의 신학적 유산을 고려할 때 예상되는 결과는 몇 가지가 있다. 먼저 양극단적인 경우를 생각해 보기로 한다. 하나의 극단은 그 고려한 유산이 흠을 잡을 데 없이 완전한 사상일 경우일 것이다. 이러한 경우는 현실적으로 존재하지 않는다고 보아야 할 것이다. 신학이란 인간이 하는 일이므로 불완전한 인간이 하는 신학에 부족함이 전혀 없으리라고 보기는 상식적으로 어렵다. 다른 하나는 주어진 신학적 유산의 그 어느 측면도 오늘에 되살려 쓸만한 것이 없다고 판단하는 경우이다. 이러한 경우도 흔하지는 않을 것이다. 그러나 교회사 속에 신뢰할만한 공의회 등에서 이단으로 판단된 신학 사상은 오늘날 우리들에 의해서도 마찬가지로 판단될 가능성이 높다고 하겠다. 대개의 신학적 유산은 양극단의 중간의 어느 지점에 있는 것으로 평가될 것이다. 중간에서 상대적으로 좀 더 긍정적인 혹은 좀 더 부정적인 평가를 받게 되는 경우가 많다고 하겠다. 상대적으로 긍정적인 면이 많은 신학적 유산에 대해서는 그 유산의 많은 부분을 우리가 수용할 수 있을 것이다. 크게 보아 중간에 위치하되 부정적인 면도 없지 않은 유산의 경우, 우리는 그에 따라서 일부 수용 혹은 수정 후 수용의 입장을 취하게 될 것이다. 좌우간 과거 어떤 신학적 유산과의 신학적 대화는 신중해야 한다. 이와 관련해서 우리는 브래들리 P. 홀트(Bradley P. Holt)의 다음 말을 새겨들을 필요가 있을 것이다.

기독교 공동체는 2천 년에 걸쳐 성령의 능력 안에서 살려고 했던 사람들이 가진 사상과 행동과 기도를 유산으로 물려 받았다. 위대한 성인들은 예수의 사랑과 용기를 구현해 왔으며, 구속하시는 하나님의 능력의 증인으로 살았다. 그러나 기독교 역사는 주님의 길로부터 끊임없이 떠나왔으며, … 하나의 전통을 계승한다는 것은 그 안에 있는 것을 모두 인정한다는 의미는 아니다. 그보다는 오히려 그 전통 안에서 귀중한 것과 귀중하지 않은 것을 가려내며, 등한시되었던 사상을 창조적으로 발달시키는 것을 의미한다.[1]

이제 우리는 과거 신학적 유산을 고려할 때에 신중할 것을 주문한 브래들리 홀트의 말을 염두에 두면서 영성에 관한 테레사의 신학적 유산에 신학적인 성찰을 하기로 하자. 주어진 신학적 유산, 이 경우 테레사의 영성 사상에 대한 신학적 성찰을 하려고 할 때에 우리가 고려해야 할 문제는 신학적 적합성을 가름하는 기준이다. 어떤 기준에 의해서 주어진 신학 사상의 신학적 적합성을 판단할 것이다.

신학적 판단 기준 문제와 관련하여 나는 기본적으로 슈버트 M. 오그덴(Schubert M. Ogden)의 제안을 받아들이고자 한다. 신학에 대한 오그덴의 정의는 "인간 실존의 결정적인 것으로서의 기독교 신앙의 증언에 대해 충분히 숙고하는 이해"(the fully reflective understanding of the Christian witness of faith

---

[1] 브래들리 P. 홀트, 『기독교 영성사』, 엄성옥 역 (서울: 은성, 2002), 7.

as decisive for human existence)²라고 하였다. 신학은 피상적이거나 즉흥적인 생각으로 이루어지는 것이 아니라 "충분히 숙고하는 이해"로서 이루어진다. 숙고의 대상은 "기독교 신앙의 증언"에 대한 것인데, 우리의 경우는 그 기독교 신앙의 증언에 해당되는 것은 테레사의 음양 통합적 영성 사상이다. 오그덴에 의하면, 신학적 적합을 판단하는 기준은 두 가지인데, 간단히 말하면, "적합성"(appropriateness)과 "신뢰성"(credibility)이다. 그의 이 두 기준에 대한 보다 자세한 내용을 제시하면 다음과 같다.

> 이러한 하나의 기준이 요청하는 것은 즉 그 어떤 신학적 진술도 표준적인 기독교적 증언(normative Christian witness)에 표현된 동일한 신앙의 이해를 재현하지 않는 한 적절하지 않다는 것이다.³

오그덴이 "표준적인 기독교적 증언"이라는 표현으로서 의도하는 구체적인 내용은 예수 그리스도를 따라다니면서 그분의 말씀을 직접 들었던 사도들의 증언을 말한다. 그러므로 오그덴은 "적절성"이라는 첫 번째 기준과 상관하여 다음과 같이 말한다.

> 신약성경 안에 내포되어 있는 사도들의 증언(the witness of the apostles)과의 일치성은 여전히 조직적인 신학적 진술뿐 아니라 실천적인 신학적 진술의

---

2 Schubert M. Ogden, *On Theology* (San Fransisco: Haper & Row, 1986), 1.
3 Schubert M. Ogden, *On Theology*, 4.

적합성을 판단하는 우선적인 기준이다.[4]

오그덴에 위 인용문에서 "조직적인 신학적 진술"이라고 한 것은 전문적인 신학 저서들 안에 나타나는 신앙의 증언으로 이해하면 될 것이다. 그리고 "실천적인 신학적 진술"이란 신앙의 실제적 삶 속에 설교나 전도나 권면의 말의 형식으로 나타나는 신앙의 증언이라고 보면 될 것이다.

어떤 신학적 진술 내지 신앙의 이해에 대하여 그것이 예수 그리스도에 대한 "표준적인 기독교적 증언"(normative Christian witness) 즉 사도들의 증언과의 일치하는지 그렇지 않은지를 꼼꼼히 살펴보자고 하는 오그덴의 의도는 무엇일까? 그것은 결국 주어진 신학적 진술 내지 신앙의 증언이 내포하고 있는 진리 이해가 예수 그리스도가 계시하고 살아 낸 그 진리와 같은 진리인지, 그런 의미에서 진실로 기독교적인지를 살펴보고자 하는 것이다. 나는 오그덴의 이러한 의도를 존중한다. 올바른 신앙의 증언은 예수 그리스도의 진리에 충실한 증언이어야 하기 때문이다.

오그덴이 말하는 신학적 적절성을 판단하는 두 번째 기준은 "신뢰성"인데, 이에 대하여 오그덴 자신의 좀 더 충분한 설명은 다음과 같다.

신뢰성이 있다는(credible) 말의 의미는 인간 실존과 더불어 널리 확립되어 있는 진리의 관련 기준들을 충족시킨다는 뜻인데, 만약 어떤 신학적 진술

---

4 Schubert M. Ogden, *On Theology*, 10.

이 이 기준을 충족시키지 못한다면 그 진술은 신뢰성이 있는 것으로 평가받을 수 없다.[5]

오그덴이 위에서 말하는 신뢰성이란 말은, 좀 더 쉬운 말로 표현하면, 인간 사회에서 널리 존중되는 일반적인 상식이나 합리적인 판단과 부합한다는 뜻으로 이해된다.

나는 이제 위에 소개된 오그덴의 신학적 적절성 판단 기준을 염두에 두고서 테레사의 음양론적 영성 사상에 대한 신학적 반성을 수행하고자 한다.

첫째, 나는 테레사의 음양 통합적 영성 사상이 기독교적으로 충실한 사상인지 여부를 살펴볼 것이다.

둘째, 나는 테레사의 사상이 인류 사회에서 널리 받아들여지는 상식과 이성에 비추어서 신뢰성이 있는지를 살필 것이다.

첫째 과제와 상관해서 나는 테레사의 사상이 사도들에 의해서 증언된 예수 그리스도의 진리와 부합하는지 여부를 살펴볼 것이다. 이를 위해서 나는 "사도적 증언"과의 부합성이라는 오그덴의 제안을 존중할 것이다. 그러나 거기에 제한되지는 않을 것이다. 나는 "사도들의 증언" 이외에 두

---

[5] Schubert M. Ogden, *On Theology*, 5.

가지를 더 고려할 것이다. 하나는 바울 사상과의 부합성이다. 다른 하나는 기독교인들의 예배 현실과의 부합성이다.

나는 테레사 사상의 기독교성을 여부를 판단하는 신학적 반성에서 예수 그리스도 계시 사건에 대한 사도들의 증언에 국한되지 않고 바울의 가르침과 부합하는지 여부도 고려할 것이다. 바울은 사도라는 자기 이해를 가지고 있었다. 그리고 또 많은 기독교인들이 바울을 사도로 인정한다. 그런데 오그덴의 용법에서 "사도"라는 말은 좁은 의미로 사용되고 있다. 그는 즉 예수님의 공생애 기간에 예수님과 함께 생활하면서 그분의 말씀을 직접 들은 이들을 사도라고 부른다. 바울은 다메섹 도상에서 부활하신 그리스도를 만났지만, 그러나 예수님의 공생애 기간에 예수님과 함께 동행했던 인물은 아니므로, 오그덴의 기준에서 보면 사도가 아니다. 그러나 나는 테레사 사상의 기독교성 여부를 판단함에 있어서 바울의 가르침도 함께 고려하고자 한다. 바울이 비록 소위 열두 사도에 포함되지는 않지만, 그러나 부활의 그리스도를 만난 이, 그리스도의 진리를 깊이 이해한 이, 그리고 그 진리를 스스로 살아내고 널리 전파한 훌륭한 예수의 사도라고 모든 기독교 교회에서 널리 인정하고 있기 때문이다.

테레사 영성 사상의 기독교성 여부와 상관해서 나는 또한 기독교인들의 예배 현실을 고려할 것이다. 기독교 신앙은 추상적인 이름이 아니라 기독교 역사 2천 년 동안, 그리고 현재에도 살아있는 실재이다. 기독교 신앙의 살아있는 실재임이 단적으로 나타나는 장소는 예배이다. 기독교인 성도가 세계 방방곡곡에서 주일마다 예수의 이름으로 삼위일체 하나님께 예배를 드린다. 나는 테레사의 음양 통합적 영성 사상이 현재도 살아있는 예배의 현실과 부합하는가의 여부를 살핌으로써 그녀의 사상의 기독교성을 가늠해 볼 것이다.

테레사의 음양 통합적 영성 사상에 대한 신학적 반성에서 수행해야 할 두 번째 과제는 신뢰성 여부를 살피는 것이다. 나는 테레사의 영성 사상이 동양에서 널리 받아들여지고 있는 음양론과 매우 조화되는 사상임을 이미 앞에서 보이고, 그녀의 영성 사상을 음양 통합적 사상이라고 명명한 바 있다. 음양론 사상이 동양 사회에 널리 받아들여지고 있는 만큼, 적어도 그 정도만큼 테레사의 음양 통합적 영성 사상이 신뢰성을 갖고 있다고 판단할 수 있다. 테레사의 영성 사상을 해석하면서 활용한 음양 사상과 공감적인 사상이 비단 동양뿐만 아니라 인류 사회에서 널리 발견될 수 있다면, 그녀의 음양 통합적 영성 사랑의 신뢰성의 정도는 그만큼 더 큰 것으로 판단될 것이다. 이 점에 대하여 좀 더 살펴볼 것이다.

1. 예수 그리스도에 대한 사도적 증언과의 부합성

테레사의 음양론적 영성신학의 기독교적 충실성을 살피기 위하여 우리가 우선적으로 고려해야 할 문제는 그녀의 신학이 예수 그리스도 계시 사건과의 부합성 여부이다. 복음서들을 통해서 우리에게 전해 오는 사도들의 증언에 의하면 예수 그리스도는 여러 가지 방식으로 하나님과 인생에 관한 위대한 진리를 계시해 주셨다.

밀가루 반죽과 누룩에 관한 비유는 그중 하나이다.

> 또 비유로 말씀하시되 천국은 마치 여자가 가루 서 말 속에 갖다 넣어 전부 부풀게 한 누룩과 같으니라(마 13:33).

위 비유의 핵심은 변화이다. 한 여자가 밀가루 반죽을 하고 그 안에 누룩을 넣어서 부풀어 오르게 하는 것은 가정에서 있을 수 있는 일상사이다. 주님은 이 일상사로서 하나님의 나라의 놀라운 비밀을 가르치셨다. 하나님의 나라는 변화의 세계이다. 죄된 자아가 진실된 자아로, 또는 바울의 표현을 빌려 말하자면, 겉 사람이 속사람으로 변화하는 세계이다. 이 비유에서 주목해야 할 실재는 여인, 밀가루 반죽, 누룩 그리고 부풀어 오른 반죽이다. 여인은 누구에 대한 비유인가? 하나님 혹은 그리스도에 대한 비유라고 이해된다. 밀가루 반죽은 죄된 자아, 겉 사람을 가리킨다. 누룩은 죄된 자아를 변화시키는 하나님의 능력, 하나님의 은혜를 상징한다. 밀가루 반죽을 그 자체로 그냥 놓아두면 아무런 변화도 일어나지 않는다. 그러나 그것이 누룩을 만나면 변화한다. 죄된 인간을 그 자체로 놓아두면 언제나 그 상태로 있게 된다. 하지만 죄된 인간이 누룩 같은 하나님의 변화의 능력을 만나면 변화한다.

이 비유에서 우리가 특별히 주목하는 부분은 여인과 밀가루 반죽 사이의 음양적 관계이다. 여인이 누룩을 밀가루 반죽 안에 "갖다 넣은" 것은 양적, 수여적 활동이다. 주는 이가 없으면, 어떻게 받을 수 있겠는가? 밀가루 반죽이 그 누룩을 받아들인 것은 음적, 수용적 활동이다. 주고자 하는 이가 있다 해도, 받음이 없으면, 무슨 변화가 일어나겠는가? 이 점에 대하여 관련적 의미가 있는 본문이 요한계시록에 나온다.

> 볼지어다 내가 문 밖에 서서 두드리노니 누구든지 내 음성을 듣고 문을 열면 내가 그에게로 들어가 그와 더불어 먹고 그는 나와 더불어 먹으리라 (계 3:20).

두드리시는 분은 그리스도이다. 그리스도는 인생을 향하여 양적 수여성의 활동을 하시고 싶어서 성도의 마음의 문을 두드리신다. 인생이 그리스도를 향해서 자기의 마음의 문을 여는 것은 인생이 그리스도를 향해서 음의 자리에 서는 것이다. 인생과 그리스도 사이에 음양적 교제가 이루어지면, 그 인생은 변화한다. 변화된 인생에 대해서 말하자면, "그리스도와 그와 더불어 먹고 그는 그리스도와 더불어 먹는" 인생이 되니, 즉 그리스도에게 있는 진실한 생명, 사랑, 행복을 그도 누리는 그런 인생이 되는 것이다.

성도가 그리스도를 통해서 수여 받는 것은 실상 하나님에게서 오는 것이다. 하나님은 하나님 자신의 것을 그리스도를 통해서 인생들에게 주신다. 하나님이 이렇게 하실 수 있는 까닭은 하나님과 그리스도가 하나이시기 때문이다.

> 무릇 아버지께 있는 것은 다 내 것이라 그러므로 내가 말하기를 그가 내 것을 가지고 너희에게 알리시리라 하였노라(요 16:15).

> 내 것은 다 아버지의 것이요 아버지의 것은 내 것이온데 내가 그들로 말미암아 영광을 받았나이다(요 17:10).

하나님 아버지의 것이 예수 그리스도의 것이 되는 이유는 그 두 분 사이에 음양적 상호 교통과 합일이 있었기 때문이다. 하나님 아버지 편에서는 예수 그리스도를 향해서 당신의 것을 아낌없이 다 내어주신다. 이것은 풍성한 양적 수여성이다. 예수님 편에서는 하나님 아버지가 주시는 모든 것을 온전하게 다 받아서 그것으로 당신 존재의 중심이 되게 하신다.

요한복음 1:14은 하나님 아버지와 예수님 사이의 친밀한 교제와 합일을 통해서 나타난 그리스도의 정체에 대하여 다음과 같이 증거한다.

> 말씀이 육신이 되어 우리 가운데 거하시매 우리가 그의 영광을 보니 아버지의 독생자의 영광이요 은혜와 진리가 충만하더라(요 1:14)

하나님 아버지가 예수님에게 내어주신 것은 로고스, 즉 성자 하나님이시니, 그와 동시에 하나님의 충만한 은혜와 진리이다. 예수님 편에서는 로고스와 은혜와 진리를 주시는 하나님 아버지를 향해 완전한 음적 수동성을 드린 것으로 이해된다. 성부 하나님과 예수님 사이의 완전한 주심과 완전한 수용이 있었다. 그리하여 신인, 즉 그리스도가 출현하시게 된 것이다.

교회사 속에서 요한복음의 로고스 기독론, 신인 기독론을 이어받고 있는 것은 칼케돈 공의회(Council of Chalcedon, 451년)이다. 칼케돈 공의회는 예수 그리스도에 대하여 다음과 같이 고백한다.

> 그러므로 우리는 모든 거룩한 교부들과 일치되게 이구동성으로 다음과 같이 고백해야 한다고 가르친다. 우리 주 예수 그리스도는 한 분의 동일한 아들이시고 신성에 있어서 똑같이 완전하시고 인성에 있어서 똑같이 완전하시며, 참으로 하나님이시고 참으로 인간이시니, 이성적 영혼과 육체를 가지신 인간이시며, 신성에 있어서 성부와 공동 실체적이시고 인성에 있어서 우리와 똑같이 공동 실체적이시니, 죄만 빼놓고는 모든 것에 있어서 우리와 마찬가지이다 … 한 분의 동일한 그리스도시오, 아들이시오, 주님이시며, 독생자이시며 두 본성으로 알려지셨으나 혼동도 없고 변화도 없고 분할도 없고 분리도 없으시고, 본성들의 차이는 결코 연합 때문에 제거되지 않으나 각 본성의 특성은 그래도 보존되고 하나의 prosopon과 하나의 hypostasis로 합체(合體)되었다.[6]

요한복음과 칼케돈 공의회에 의하면 그리스도는 인간이 되신 하나님인 동시에 하나님이 된 인간이다. 그러므로 칼케돈 공의회는 그리스도에 대하

---

[6] J. N. D. 켈리, 『고대 기독교 교리사』, 김광식 역 (서울: 한국기독교문학연구소출판부, 1980), 382.

여 "참 하나님"이요 "참 인간"이라고 고백한다.

우리가 그리스도를 믿고 그리스도를 모신다는 것은 참 하나님으로서의 그리스도도 믿고 모시는 것이요, 또한 참 인간으로서의 그리스도도 믿고 모시는 것이다. 참 하나님으로서의 그리스도를 믿고 모신다는 것은 어떤 구원론적 의미를 갖는가? 그것은 즉 하나님의 우리를 향하신 양적(陽的), 수여적 활동이 그리스도를 통해서 그대로 우리에게까지 임한다는 것이다. 이 경우 그리스도를 아는 것은 하나님을 아는 것이요, 그리스도를 믿고 받는 것은 곧 하나님의 은혜를 받는 것이다. 그러면 참 인간으로서의 그리스도를 믿고 받아 모신다는 것은 어떤 구원론적 의미를 갖게 될까? 그것은 즉 예수 그리스도의 성부 하나님께 대한 완전한 음적 수동성에 우리도 참여한다는 것이다.

모든 인생이 지니고 있는 종교적 문제의 해결은 한편으로는 마땅히 받아야 할 것을 받는 데 있다. 하나님 이외에 다른 것을 받는 이에게는 구원이 없다. 우리는 그리스도 안에서 다른 누구도 아니고 하나님을 받는다. 테레사는 이와 관련하여 다음과 같이 말한다.

> 내가 위에서 진정 하느님과의 합일 … 이라고 말했기 때문에, 혹시 다른 합일이 있지 않나 하는 의혹을 여러분이 가질는지 모릅니다. 그렇습니다. 다른 합일들이 사실상 있습니다. 하찮은 것이라도 사람들이 몹시 좋아하면, 악마가 그들을 반하게 만들 수 있습니다. 하지만 하느님과의 합일에 있는 그런 기쁨, 영혼의 만족, 평화의 즐거움은 없을 것입니다. 하느님과

의 합일은 이승의 모든 기쁨, 모든 즐거움, 모든 만족을 초월하는 것, 이러한 희열과 지상의 그것은 근본부터가 다른 것이고 그 느낌도 서로 다른 것이니, 여러분은 경험을 통해서 아실 것입니다.[7]

인생이 하나님 이외의 다른 것에 궁극적인 사랑을 품게 되면 그것과도 합일될 수 있다는 말이다. 그 대상은 부나 명예나 권세일 수 있고, 또 부지불식 간에 악마가 될 수도 있다. 악마가 그런 것들을 통해서 사람들을 은근히 자기 쪽으로 유혹할 수 있기 때문이다. 부나 명예나 권세 같은 것에 대한 관심의 경우, 그것은 하나님께 대한 궁극적 사랑의 전제하에서 사랑의 질서 속으로 들어와야 한다. 그렇지 않고 그 자체가 궁극적 관심의 대상이 되면 곧 우상 숭배가 되는 것이다.

  우리는 다른 무엇도 아니고 하나님을 최고의 보배로 알고 그분을, 하나님을 받되, 탁월한 수용성으로써 잘 받아야 한다. 수용의 궁극적 최고 대상을 하나님으로 잘 아는 것도 중요하지만, 그렇게 아는 하나님을 가장 진실하고 지극하게 잘 받아 모시는 탁월한 음적 수용성도 매우 중요하다. 이 탁월한 음적 수용성도 그리스도 안에 있다. 우리가 그리스도를 잘 믿고 받아 모신다는 것은 또한 그리스도의 하나님 아버지에 대한 탁월한 수용성을 우리 자신의 것으로 삼는 것이다. 만약 우리가 예수 그리스도처럼 하나님을 잘 믿고 잘 수용하지 아니하면, 우리는 테레사가 표현한 "이승의 모

---

[7] 데레사, 『영혼의 성』, 107.

든 기쁨, 모든 즐거움, 모든 만족을 초월하는" 그런 기쁨, 그런 즐거움, 그런 만족을 누리는 존재가 될 수 없다.

테레사의 기독론은 그리스도가 참 하나님이요 참 인간이심을 믿은 기독론이다.[8] 이 점에서 그녀는 요한복음 전통과 칼케돈 전통의 신성과 인성의 양성 기독론 전통을 따른다. 테레사는 다음과 같이 말한다.

> 내 생각엔, 만일 사도들이 그리스도는 사람인 동시에 하느님이시라는 것을, … 주님의 거룩하신 인성은 그들에게 방해가 되지 않았을 것입니다.[9]

> 그 어머니는 믿음이 굳세시어서, 당신이 하느님이시오 인간이심을 잘 알고 계셨기 때문입니다.[10]

테레사에 의하면, 올바른 영성의 실현을 위해서는 참 인간인 동시에 참 하나님인 예수 그리스도와의 바른 관계가 중요하다. 양성의 그리스도와의 만남, 그분에 대한 믿음, 그리고 그분에 대한 수용이 필요하다. 그리스도의 신성과 인성 양자 모두 중요하다. 테레사에게 그리스도의 신성과 인성 중 어느 하나라도 빼면 심각한 문제가 생긴다.

---

[8] 세쿤디노 카스트로, 『성녀 데레사의 그리스도 체험』, 43.
[9] 데레사, 『천주 자비의 글』, 202 이하.
[10] 데레사, 『영혼의 성』, 211.

테레사의 영성 생활의 중심에는 묵상 기도가 있다. 그런데 그녀 주위에는 영적 진보를 위해서는 오직 예수 그리스도의 신성에만 집중하고, 그리스도의 인성을 멀리하라고 가르치는 이들이 있었다. 그들은 모든 형상을 배척해야 한다고 가르쳤다. 테레사는 이러한 가르침이 잘못된 것이었다는 것을 오랜 고생 끝에 깨닫게 된다. 테레사 자신의 말을 들어 보면 다음과 같다.

아무리 영적인 사람이라 할지라도 주님의 거룩하기 짝없는 인성이 해를 끼치기라도 할 듯 육체적인 것이면 무엇이고 다 피해서는 안된다는 것을 제법 설명할 만큼 했다고 생각합니다. 어떤 사람들은 주께서 제자들에게 "내가 물러가는 것이 여러분들에게 이롭습니다"(요한 16:7)라고 하신 말씀을 가지고 들이대지만, 이건 어처구니 없는 짓입니다. … 나는 이런 미혹에 빠졌다고는 하지만 이 지경에까지 이르지 않은 성싶습니다. 다만 우리 주 예수 그리스도를 생각하는 맛이 그전보다 못하므로 그 감미로움을 기다리는 데에 정신이 팔려 있었습니다. 그러나 나는 잘못 가고 있다는 것을 똑똑히 알아 차렸습니다. 그도 그럴 일 … 언제까지든지 감미를 맛볼 수는 없는 법이므로, 생각은 이리 저리 흩어지고 영혼은 마치 앉을 자리를 못 얻어 파닥거리는 새처럼 많은 시간을 낭비할 뿐, 덕에 나아가거나 기도가 나아지거나 하지는 못했던 것입니다. 그래도 나는 까닭을 몰랐고 더구나 그게 옳다고만 여겨졌으므로 그 까닭을 알려 해도 알 도리가 없었습니다. 나의 기도생활을 어느 여종에게 이야기해서 그가 깨우쳐주지 않았던

들 끝끝내 모를 뻔했습니다.[11]

테레사는 한때 영적으로 상당히 나아간 사람들은 그리스도의 인성을 무시해야 한다는 잘못된 가르침을 받아 드렸다. 그런데 그녀가 이내 깨닫게 된 것은 그리스도의 인성을 무시하고는 영적으로 깊이 나아갈 수 없다는 것이다. 그 이후 테레사는 영혼 안에 내주하시는 그리스도가 하나님인 동시에 또한 인간이신 분이라는 이해 속에서 예수 그리스도와 더욱 더 친밀한 교제를 나누고 그러한 가운데 큰 영적 진보가 있었다고 말한다.

영성의 충만한 실현을 위해 그리스도의 인성을 무시하면 안된다는 테레사의 가르침은 매우 중요하다.[12] 그리스도는 하나님이시지만, 성육하신 하나님으로서 한편으로는 하나님의 사랑의 계시자이시요, 다른 한편으로는 하나님의 사랑에 대한 무한한 수용자이시기 때문이다. 그리스도인이 사랑

---

[11] 데레사, 『영혼의 성』, 230 이하. 테레사는 그녀의 자서전 22장 9에서도 우리가 육체를 지닌 인간으로 사는 동안에는 그리스도의 인성을 생각하는 것이 중요하다는 것을 거듭 언급하고 있다. 데레사, 『천주자비의 글』, 202 이하.

[12] 올바른 영성신학의 정립을 위해서 예수 그리스도의 인성의 중요성은 거듭 강조될 필요가 있다. 이와 관련 쟈끄 뢰브의 다음 진술도 숙고할 만하다. "우리는 아무리 해도 주 예수 그리스도의 인간성을 충분히 관상할 수는 없습니다. 사실상 우리가 사랑해야 하는 것도 바로 그분의 인간성입니다. 베드로야 네가 나를 사랑하느냐? 너는 내가 있는 그대로 나의 신성 안에서는 물론이지만 나의 인간성 안에서도 나를 사랑하느냐? 나 인간 예수를 사랑하느냐 말이다. 우리가 본받아야 하는 것도, 우리가 살아야 하는 것도 바로 이 인간성이며 성 바오로가 말씀하시는 바와 같이 우리는 이 인간성을 계속 지니고 완성해 나가야 하는 것입니다. 그리고 우리는 주 예수의 이 인간성은 그분의 신성에 비추어서만 그 진실되고 온전한 모습을 알 수 있는 것이며 그것은 마태오와 루카가 전하는 족보의 역사를 통해서 요한복음의 첫 구절이 우리에게 제공해 주는 자료들을 통해서 알게 되는 차원인 것입니다." 쟈끄 뢰브, 『그리스도라 부르는 예수 : 바티칸 피정 강론 (1970)』, 이성배 역 (왜관: 분도출판사, 1980), 55 이하.

의 존재가 되려고 하면, 그는 한편으로 하나님의 선행적인 사랑, 성육하시는 수여적(授與的) 사랑도 알아야 하지만, 그와 동시에 그 하나님의 사랑에 대하여 무한한 순종과 수용성(受容性)으로 응답하는 사랑도 알아야 한다. 하나님의 사랑과 뜻에 대한 절대적 수용과 순종은 특별히 십자가에서 가장 명시적으로 계시되었다. 테레사는 인간을 변화시키는 하나님의 사랑이 비단 성육신 사건에서뿐만 아니라 또한 그리스도의 십자가 사건 안에 담겨있음을 진실로 깨우쳤다.

하나님이 예수 그리스도 안에서 먼저 세상 안으로 들어오심은 은총이다. 특별히 하나님이 영혼의 깊은 속에 오심은 은총이다. 하나님의 은혜 없이는 인생에게 사랑도 없고 생명도 없다. 하나님은 인생에게 생명과 보존 등 만 가지 은혜를 베푸시는 분으로서 이미 그리고 항상 양의 자리에 계신다. 이러한 하나님을 인생이 잘 모셔 들여야 한다. 인간이신 그리스도를 믿는 자들은 그리스도의 믿음을 본받게 되고 그리스도와 함께 하나님에 대하여 순수하고 지극한 음적 수용성의 자리에 있게 된다. 그러므로 영성의 실현은 실로 인간에게 주도권이 있지 않다. 영성 실현의 궁극적 근거인 신적 사랑은 하나님께로부터 온다. 그와 같이 그 사랑을 잘 받아 모시게 하는 은혜도 성육하신 하나님, 인간이신 그리스도에게서 온다. 이러한 은혜를 받은 인생이니 다시 하나님과 동료 피조물에게 감사와 사랑을 돌려 드림이 마땅하다. 잘 받았으니, 또한 잘 돌려 드린다. 기독교적 사랑은 참으로 음양론적이다.

예수 그리스도는 '예수 그리스도를 본받는' 이들을 자신에게로 이끄시는 분, 그들을 향하여 양적인 자리에 서 계셔서 성화 혹은 신화의 은혜를 주신다. 사랑의 빛을 주시고 사랑의 불을 주시는 그리스도로 말미암아 인생은 죄를 회개하고, 자신을 비우고, 그리스도를 닮아가며 합일의 경지에까지 이르게 된다. 이러한 사람은 자신이 무엇을 하는 것 같지마는 실상은 주께서 모든 것을 행하신다는 것을 점점 더 알게 된다. 성도는 그리스도를 더욱 닮아갈수록 더욱 더 감사와 찬송과 영광을 그분께 올려드리게 되는 이유이다.

예수 그리스도가 인간으로서 하나님께 대하여 전적이고 순수한 음적 자리에 당신을 놓으신 것은 실로 예수를 믿고 따르는 우리의 모범이 된다. 예수 그리스도는 온 인류를 구원하시는 자리, 즉 우리를 향해서 양의 자리에 서시기 위해서 먼저 성부 하나님을 향해서는 순전한 음의 자리에 계셨다. 이에 대한 여러 예들이 있지만, 그중에서 특히 감동을 주는 것은 겟세마네 동산에서 기도하시는 그리스도의 모습이다. 그때 그리스도는 하나님의 뜻을 온전히 받아들이기 위하여, 땀이 피가 되도록 기도하시며 하나님의 뜻을 완전히 수용하셨다. 그는 하나님의 뜻을 따르는 일에 자기 자신을 온전히 내어놓으셨다. 이것은 심지어 그리스도에게도 쉬운 일이 아니었다. 그는 죽음의 고통에 대하여 몹시 고민하셨다. 그리고 마침내는 죽음에 대한 두려움으로 고민하는 그 마음도 넘어서게 되었다. 하늘 아버지의 뜻에 대한 전적 수용성의 자리에 서니, 죽게 된 마음의 고민도 비워지게 되었다. 놀라운 자기 초월이다.

> 내 아버지여 만일 할 만하시거든 이 잔을 내게서 지나가게 하옵소서 그러나 나의 원대로 마시옵고 아버지의 원대로 하옵소서 … 내 아버지여 만일 내가 마시지 않고는 이 잔이 내게서 지나갈 수 없거든 아버지의 원대로 되기를 원하나이다 … 또 그들을 두시고 나아가 세 번째 같은 말씀으로 기도하신 후 … 일어나라 함께 가자 보라 나를 파는 자가 가까이 왔느니라 (마 26:39-49).

예수 그리스도께서는 세상에 남겨둔 당신의 제자들, 당신의 복음을 전할 자들에게도 먼저 음의 자리에 설 것을 말씀하셨다. 특별히 그리스도는 세상을 떠나신 후에 보혜사 성령을 보내실 것을 약속하셨다(요 16:7). 사도들은 예루살렘을 떠나지 말아야 했고, 약속하신 것을 기다리는 자리에 있어야 했다(행 1:4). 보혜사 성령을 받아야 하는 자들은 먼저 받는 그 자리에 있어야 했다. 음의 자리에서 성령을 받은 후에야 비로소 사도들은 세상에 대하여 역동적으로 복음을 전하는 양의 자리에 서게 된다.

테레사에 의하면, 예수 그리스도가 겟세마네 동산에서의 기도나 십자가 수난 사건을 통해서 보여 주신 하나님께 대한 전적인 순종, 하나님의 뜻의 전적인 수용(受容)이 영성 실현의 길을 가는 모든 성도들에게서 반복되어야 한다. "주님의 전 생애는 죽음"이었다.[13] 그리스도인의 전 생애도 죽음이어야 한다. 테레사는 다음과 같이 말한다.

---

13 테레사, 『완덕의 길』, 296.

그러나 자매들이 잊어서는 안 될 일은 누에가 반드시 죽어야 한다는 사실, 그 죽음이 여러분 자신의 비싸기 짝이 없는 대가를 치러서 이루어져야 한다는 것입니다. 저기서는(감미로운 합일) 세상을 살아가면서 우리 자신인 누에를 죽여야 됩니다. 숨김없이 말해서 이것이야말로 너무너무 심한 고통입니다만 그만치 가치가 있고, 승리를 얻는 날엔 그 갚음 또한 여간 큰 것이 아닐 것입니다. 그리고 우리 의지가 하느님의 뜻과 정말 합일이 되었으면, 의심할 여지 없이 이 승리는 가능한 것입니다. 이것이 바로 내가 평생을 두고 바라는 합일이요, 이것이 바로 내가 우리 주께 비는 합일입니다. 가장 분명하고 안전한 길입니다.[14]

소아인 누에는 죽어야 한다. 죽으면 살게 된다. 살되 풍성한 삶을 살게 된다. 하나님의 풍성한 은혜를 받아 누릴 수 있다. 하나님이 주시는 귀한 은혜 중에 특기할 것은 관상이다.

음양이 통합된 사랑의 완전에 이른 자의 상태인 관상은 하나님이 영혼 안에 충만히 현존하심이다. 관상은 신적인 영광, 사랑의 빛과 사랑의 불의 충만이다. 하늘나라가 이루어짐이고, 하나님의 통치의 실현이다. 그러므로 테레사는 인간이 가장 음적(陰的)인 자리에 있게 되는 지복의 상태이며 하나님이 가장 양적인 자리에 있게 되는 관상, 사랑의 완전에 모든 사람이 들어갈 것을 소망했다. 이 세상 사는 동안에 모든 이들이 다 관상의 경지

---

[14] 테레사, 『영혼의 성』, 127.

에 들어갈 것은 아니지만, 주님이 천국에서 한꺼번에 이 은혜를 주실지도 모른다. 하나님은 자신의 뜻대로 주시는 분이시다. 하나님은 주시는 데 인색하시지 않은 분이시니, 모든 사람은 이 일에 대하여 하나님께 맡기고 자신의 위치에서 최선의 노력을 다하자고 테레사는 권고한다.[15]

그리스도와 하나되는 관상은 그리스도가 그리하셨듯이 자신을 온전히 비움이다. 비우면 사랑이 가득 찬다. 음이면 양이 나타난다. 하나님의 사랑으로 가득 찬 자, 하나님을 사랑하는 자는 사랑의 계명을 가장 잘 지킬 수 있는 자이다. 사랑의 삶은 그리스도의 삶에서 나타났듯이 큰 괴로움과 환난이 부재한 것이 아니다. "영적인 혼인"까지 나아가는 관상에서 그리스도의 신부가 된 이의 삶은 그리스도와 함께 영예도 고통도 함께 나누는 삶이다.

우선 우리는 위대하신 임금님의 왕비인지 아닌지 이것부터 따집시다. 왕비라면, 어느 여자가 남편이 당하는 치욕을 같이 당하지 않겠습니까? 설령 마음속으로 우러나오지 않는다 하더라도 말입니다. 결국 명예든 불명예든 다 함께 나누어야 합니다. 임의 나라에서 한 자리를 차지하고 낙을 누리려 하면서도 치욕과 고생은 털끝만치도 당할 마음이 없다는 것은 실로 어처구니없는 노릇인 것입니다.[16]

---

15 데레사, 『완덕의 길』 143 이하.
16 데레사, 『완덕의 길』, 123.

그리스도의 신부된 이는 신적으로 사랑으로 충만한 자, 그리스도와 더불어 음양 통합적으로 연합된 자이다. 그리스도의 뜻이 그의 뜻이고, 그리스도의 삶이 그의 삶이다. 그리스도가 가시는 곳에 신부가 가고 그리스도가 계신 곳에 신부가 있는 삶이다. 그리스도의 신부의 삶은 그리스도의 십자가 뒤에 숨어서 쉬기만 하는 삶이 아니다. 그리스도와 연합한 신부는 "님과 같이 넘어지며 엎어지더라도 십자가를 붙들고"[17] 지고 가는 헌헌장부(軒軒丈夫)와 같은 삶이다.

탄식하는 피조물로 가득한 세상, 할 일 많은 세상에서 주님이 원하시는 진실한 그리스도인의 삶은 도피적 정적주의의 삶이 아니다. 테레사는 관상의 체험을 한 후에, 하나님에 대해 더 깊이 알게 된 이후에, 하나님에 대한 사랑이 더욱 불붙고 강렬해져서 더욱 활동적이 되었다. 테레사는 생애 마지막 20년(1562-1582년)을 수녀원 창립자이자 개혁자로서, 저술가로서, 수녀원장으로서 사랑의 불이 되어서 헌신하였다.[18] 테레사의 유명한 말 중에 "사랑은 결코 한가로울 수 없는 것"(Love is never idle)이란 표현이 있다.[19] 영혼은 하나님과 그리스도와 이웃에 대한 한가로울 수 없는 끝없는 음양 통합적 사랑 안에서 영성의 깊은 곳으로 끝없이 전진한다.

---

17 데레사, 『완덕의 길』, 197.
18 방효익, 『예수의 데레사 입문』, 33 이하. 테레사는 그녀가 47세(1562년)가 되었을 때 아빌라시에서 성요셉 가르멜 수도원을 시작한다. 그리고 이후 20년에 걸쳐서 16개의 가르멜회를 설립하게 된다. 창립자로서 테레사의 활동에 대해서는 그녀의 저서 『창립사』에 상세하게 나타나 있다. 또한 Tomás Alvarez, *St. Teresa of Abila: 100 Themes on Her Life and Work*, trans. by Kieran Kavanaugh (Washington D. C: ICS Publications, 2011)도 참조하라.
19 데레사, 『영혼의 성』, 139.

2. 바울 사상과의 부합성

테레사의 음양 통합적 영성 사상이 기독교적 충실성을 지니는지 판단하기 위하여 나는 또한 바울 사상과 부합성 여부를 살피고자 한다. 바울은 예수님의 원래의 열 두 명의 사도 중에 들지 않지만, 그러나 그분 스스로 사도라는 자기의식을 가지고 있었고, 교회도 그렇게 이해해 왔다. 또한 기독교회의 형성에 결정적인 영향을 미친 분이요 신약성경의 가장 많은 부분을 집필한 분이기도 하다. 그러므로 테레사의 음양 통합적 영성 사상이 예수 그리스도의 계시 사건에 대해서 뿐 아니라 또한 사도 바울의 사상과 부합한다면, 우리는 그녀의 사상의 기독교성에 대하여 더욱 큰 확신을 가질 수 있을 것이다.

종교의 문제는 어떻게 거짓된 자아, 부자유한 자아, 고통스러운 자아로부터 참된 자아, 자유로운 자아, 행복한 자아로 변화할 수 있는가에 관한 실존적인 문제이다. 이런 문제에 대하여 예민한 사람은 기본적으로 종교성이 있는 사람이라고 보아야 할 것이다. 바울은 이런 면에서 예민한 종교성을 지난 사람으로 판단된다. 바울 자신의 고백은 다음과 같이 표현되고 있다.

우리가 율법은 신령한 줄 알거니와 나는 육신에 속하여 죄 아래에 팔렸도다 내가 행하는 것을 내가 알지 못하노니 곧 내가 원하는 것은 행하지 아니하고 도리어 미워하는 것을 행함이라 만일 내가 원하지 아니하는 그것을 행하면 내가 이로써 율법이 선한 것을 시인하노니 이제는 그것을 행하는 자가 내가 아니요 내 속에 거하는 죄니라 내 속 곧 내 육신에 선한 것이 거하지 아니하는 줄을 아노니 원함은 내게 있으나 선을 행하는 것은 없노라. 내가 원하는 바 선은 행하지 아니하고 도리어 원하지 아니하는 바 악을 행하는도다 만일 내가 원하지 아니하는 그것을 하면 이를 행하는 자는 내가 아니요 내 속에 거하는 죄니라 그러므로 내가 한 법을 깨달았노니 곧 선을 행하기 원하는 나에게 악이 함께 있는 것이로다 내 속사람으로는 하나님의 법을 즐거워하되 내 지체 속에서 한 다른 법이 내 마음의 법과 싸워 내 지체 속에 있는 죄의 법으로 나를 사로잡는 것을 보는도다 오호라 나는 곤고한 사람이로다 이 사망의 몸에서 누가 나를 건져내랴 우리 주 예수 그리스도로 말미암아 하나님께 감사하리로다 그런즉 내 자신이 마음으로는 하나님의 법을 육신으로는 죄의 법을 섬기노라(롬 7:14-25).

바울의 실존적 고뇌는 "나는 곤고한 사람이로다"라는 표현 속에 단적으로 나타나 있다. 위에 그려진 고뇌에 찬 실존적 상태가 단지 믿기 이전의 상태, "율법 아래 있는 인간"으로서의 바울의 상태로 보는 신학자도 있지마는, 그러나 나는 제임스 D. G. 던(James D. G. Dunn)과 함께 이것은 믿음의 세계에 들어온 이후에도 여전히 경험되는 상태, "이미-아직 아니"(already-not yet)의 "종말론적 긴장의 표현"이라는 보는 데 기본적으로 동의한다.[20] 그런데 나는 제임스 던처럼 바울에서 "이미-아직 아니"(already-not yet)의 균형이 엇비슷한 것으로 보는 것보다는 오히려 "이미" 쪽에 그 무게가 더 실려 있다고 보고자 한다. 이 점은 아래에 인용할 바울의 고백에 보인다. 여기서 중요한 것은 바울이든 그 누구든 "곤고한 사람"의 처지를 참으로 극복할 수 있다는 것이다.

바울은 "이 사망의 몸에서 누가 나를 건져내랴 우리 주 예수 그리스도로 말미암아 하나님께 감사하리로다"라고 고백할 때에, 바울은 곤고한 실존적 상태, "사망의 몸"에서 건짐을 받았음을 고백하고 있으며, 그 건짐의 주체가 그리스도 안에 있는 하나님이라는 것이다.

바울은 그리스도 안에 나타난 하나님의 은혜로 말미암아 참된 자유와 영광의 자아로 변화되었다는 사실에 대하여 위에 인용된 로마서 7장 본문 말미에 암시된 것보다 훨씬 분명하고 강력하게 표현하기도 한다.

> 그러므로 우리가 낙심하지 아니하노니 우리의 겉사람은 낡아지나 우리의 속사람은 날로 새로워지도다 우리가 잠시 받는 환난의 경한 것이 지극히 크고 영원한 영광의 중한 것을 우리에게 이루게 함이니 우리가 주목하는 것은 보이는 것이 아니요 보이지 않는 것이니 보이는 것은 잠깐이요 보이지 않는 것은 영원함이라(고후 4:16-18).

---

[20] 제임스 던, 『바울 신학』, 박문재 역 (서울 : 크리스천다이제스트, 2003), 636, 639.

이러므로 내가 하늘과 땅에 있는 각 족속에게 이름을 주신 아버지 앞에 무릎을 꿇고 비노니 그의 영광의 풍성함을 따라 그의 성령으로 말미암아 너희 속사람을 능력으로 강건하게 하시오며 믿음으로 말미암아 그리스도께서 너희 마음에 계시게 하시옵고 너희가 사랑 가운데서 뿌리가 박히고 터가 굳어져서 능히 모든 성도와 함께 지식에 넘치는 그리스도의 사랑을 알고 그 너비와 길이와 높이와 깊이가 어떠함을 깨달아 하나님의 모든 충만하신 것으로 너희에게 충만하게 하시기를 구하노라(엡 3:14-19).

겉 사람은 '사망의 몸' 즉 '죄의 몸'이다. 속사람은 새로운 인간이다. 이 속사람은 성령을 따라 사는 참된 존재를 말한다. 죄는 하나님과 인간을 하나가 되게 하지 못한다. 죄는 인간을 하나님에게서 멀어지게 한다. 영성에서 자기 초월이 요청되는 이유이다. 정화와 조명과 합일의 과정은 계속되는 자기 초월의 과정이다. 테레사에게 있어서 영혼의 중심에 계신 하나님께 나아가는 길에서 처음 세 번째 궁방까지의 단계에서 영혼이 상대적으로 보다 더 능동적이라는 것은 의미하는 바가 크다. 사랑이신 주님을 본받아 계속해서 이웃을 사랑하고 자기 이탈과 겸손을 실행해 나가야 한다. 이는 쉬운 일이 아니다.

바울은 인생이 이 세상 사는 동안에 순간순간 끊임없이 "곤고한 사람"의 처지를 극복할 수 있는 비결을 말한다. 그 비결은 단적으로 아래 고백 속에 주어지고 있다.

> 우리가 이 보배를 질그릇에 가졌으니 이는 심히 큰 능력은 하나님께 있고 우리에게 있지 아니함을 알게 함이라(고후 4:7).

그 비결은 질그릇이 되는 것이다. 바울의 위 본문에 참된 인생은 하나님을 모시는 질그릇에 비유되고 있다. 질그릇은 무엇인가를 담는 것이다. 담는 것은 음의 자리, 여성성의 자리에 있는 것을 상징한다. 음적 수용성을 가지고서 받아 담는 것은 그릇이다. 양적 능동성을 가지고 자신을 "보배"처럼 내어주신 분은 하나님이다. 질그릇 인생에 담긴 보배로운 하나님의 본질은 사랑이다. 그러므로 바울은 하나님의 사랑에 대하여 말한다.

> 우리에게 주신 성령으로 말미암아 하나님의 사랑이 우리 마음에 부은 바 됨이니(롬 5:5).

우리에게 부어진 것이 있다. 부어진 것은 하나님의 사랑이다. 부어진 것은 어디에 부어졌는가? 우리의 마음에 부어졌다. 부어진 것은 수여성의 자리, 양의 자리에 있는 것이다. 부어진 처소인 마음은 수용성의 자리, 곧 음의 자리에 있는 것이다.

음양 통합성은 바울의 기독론 안에도 나타난다. 빌립보서는 제2장 안에는 예수 그리스도에 대한 바울의 이해, 소위 바울의 기독론의 핵심적 내용이 표현되어 있다.

너희 안에 이 마음을 품으라 곧 그리스도 예수의 마음이니 그는 근본 하나님의 본체시나 하나님과 동등됨을 취할 것으로 여기지 아니하시고 오히려 자기를 비워 종의 형체를 가지사 사람들과 같이 되셨고 사람의 모양으로 나타나사 자기를 낮추시고 죽기까지 복종하셨으니 곧 십자가에 죽으심이라 이러므로 하나님이 그를 지극히 높여 모든 이름 위에 뛰어난 이름을 주사 하늘에 있는 자들과 땅에 있는 자들과 땅 아래에 있는 자들로 모든 무릎을 예수의 이름에 꿇게 하시고 모든 입으로 예수 그리스도를 주라 시인하여 하나님 아버지께 영광을 돌리게 하셨느니라(빌 2:5-11).

레온하르트 고펠트(Leonhard Gopelt)는 위의 빌립보서 2장 본문 안에 요한복음 서두의 로고스 기독론과 비슷한 "선재의 기독론"(Christology of preexistence)이 나타나고 있다고 본다.[21] 나는 고펠트가 빌립보서 2장에 나타난 바울의 기독론을 선재 기독론으로 해석한 것에 공감한다. 그렇다면 그리스도는 선재하시는 하나님이 자기 자신을 인자 예수에게 양적으로 수여한 사건인 동시에 인자 예수가 그 수여된 하나님을 음적(陰的)으로 수용한 사건이다.

빌립보서 2장에서 그리스도의 종 되심의 겸비는 한편으로는 인자 예수가 하나님에 대한 전적인 개방성, 전적인 수동성을 통하여 신인 합일적 실재, 즉 신인(神人)이 되었음을 뜻한다. 그리스도의 종 되심의 겸비는 이와

---

21 Leonhard Goppelt, *Theology of the New Testament*, Vol. 2, trans. by John E. Alsup, (Grand Rapids: William B. Eerdmans, 1982), 299.

같이 하나님을 향한 것인 동시에 또한 인간들을 위한 것이기도 하다. 인간들을 향한 그리스도의 종 되심이란 즉 죄와 고통 중에 빠진 인생들에 대한 무한한 자비심, 동고적(同苦的) 사랑의 수용성을 뜻한다고 여겨진다. 그리스도의 음적, 수용적 활동 뒤에는 인간 구원을 위한 그리스도의 양적(陽的), 자기 수여적 사건이 뒤따른다.

하나님은 이처럼 하나님 자신과 동료 인생들에 대해 크나 큰 사랑의 음양 통합적 성격을 지닌 그리스도를 지극히 높이시어 주가 되게 하신다. 그리스도가 주가 되셨다는 의미는 곧 그의 베푸시는 사랑, 즉 그의 음양 통합적 사랑의 범위가 우주적이게 되었음을 의미한다. 인생을 구원하시려고 자신을 다 비우신 우주적 질그릇이 되신 그리스도는 충만한 신적 사랑으로 온 인류를 살리는 능력의 구주가 되신다.

우리가 예수 그리스도를 닮고 예수 그리스도의 장성한 분량에까지 나아가기 위해서는 빌립보서 2장 5절에서 제시하는 바처럼 먼저 '그리스도의 마음'을 우리 안에 품어야 한다. 이를 위해서 우리는 그리스도와 연합해야 한다. 그리스도께서 우리 안에 계셔야 하고 우리는 그리스도 안에 있어야 한다.

테레사도 하나님이 영혼의 궁방 안 가장 깊은 곳에 이미 좌정하고 계심을 알았다.[22] 테레사는 영혼을 금강석이나 아니면 매우 맑은 수정으로 만들어진 많은 방들이 있는 하나의 궁성(a castle)이라는 비유로 아주 아름답

---

[22] 데레사, 『영혼의 성』, 23.

게 묘사한다. 테레사의 궁방으로서의 영혼은 바울의 질그릇과 다름이 아니다. 궁방 또는 그릇인 영혼 깊은 곳에 자기 자신을 내어주신 하나님은 바로 그 자리에서 영혼을 성화시키는 양적 활동을 하고 계신다.

하나님이 영혼 안에 이미 계시다 함은 모든 인생을 향하신 "선행적 은총"이라고 하겠다. 존재론적 의미에서 하나님은 항존하시고, 무소부재하시다. 이 은혜요, 보배이신 하나님을 믿음으로 받아 모시는 인생 즉, 음적인 그릇은 성화된다. 그 사랑을 영접하는 믿음으로 성례와 예배에 나아가 감사와 찬송과 영광을 올려 드릴 때에 은혜를 부으시는 하나님으로 말미암아 인생은 성화된다. 음과 양이 동시적이고 통합적으로 나타나는 순간이다.

디모데후서 2장은 다양한 그릇들을 언급하면서 귀하게 쓰는 것도 있고 천하게 쓰는 것도 있다고 기록하고 있다. 자기를 깨끗하게 하면, 테레사의 표현으로 하면 덕을 닦는 일을 하면 귀히 쓰는 그릇이 된다고 하고 있으니, 그리스도를 받아 자기 초월이 일어나서 영성의 심화를 이룬 자는 사랑으로 세상을 구원하시는 주인이 쓰시기에 합당한 그릇이 될 것이다.

> 받으려고 준비된 자를 보시기만 하면 당신처럼 주기를 좋아하시는 분이 어디 계시며, 받으신 작은 봉사에 당신보다 더 풍성한 갚음을 주시는 이가 또 어디 있는지요?[23]

---

23 데레사, 『창립사』, 서울가르멜여자수도원 역 (서울: 기쁜소식, 2011), 24.

그릇이 주인으로부터 받는 그 순간은 음성의 순간이지만, 그 다음 순간 그 그릇이 주인에 의해서 세상을 위해 쓰임 받는 순간은 양성의 순간이다. 그릇으로 비유된 영혼은 음양 통합적 영성의 사건이다. 먼저 은혜를 받은 인생이 그 다음 순서로 세상을 향해 무엇인가 베푸는 것이 있다면, 그 베푼 것은 그대로 다 하나님에 의해서 수용된다. 이때는 인생이 양이요 하나님이 음이다. 인생은 하나님으로부터 모든 것을 받고, 그리고 다시 하나님께 모든 것을 드린다. 이것이 테레사의 사상이요, 또한 바울의 사상이다. 바울 자신의 표현은 다음과 같다.

> 누가 주께 먼저 드려서 갚으심을 받겠느냐 이는 만물이 주에게서 나오고 주로 말미암고 주에게로 돌아감이라 그에게 영광이 세세에 있을지어다 아멘(롬 11:35-36).

이처럼 그리스도가 다시 인간에게 자기 자신을 수여하는 양의 자리에 서게 되고, 성도는 그러한 그리스도를 받아 모시는 음의 자리에 서게 된다는 것은 비단 바울의 사상만이 아니라 신약성경 전체에 흐르는 사상이요, 기독교 신앙의 기본 구조라고 판단된다. 일반적으로 기독교 신앙이 믿는 것은 그리스도가 인생의 구원을 위해 자기 자신을 인생에게 내어주셨다는 것이다. 이때는 그와 동시에 인생을 향한 하나님의 자기 내어주심이기도 하다. 또 인생 편에서 그리스도를 받아 모심은 그와 동시에 그 안에 현존하시는 하나님을 받아 모심이기도 하다.

테레사 사상에서도 성육하신 음양 통합적인 그리스도의 삶, 그 가운데서 특별히 그리스도의 수난은 영성의 실현을 위해 매우 중요하다. 테레사는 그리스도의 겟세마네 동산 기도, 십자가, 수난 등에 나타난 그리스도의 자기 비움을 깊이 묵상한다. 테레사의 영성적 가르침의 핵심 부분은 바울에서와 같이 그리스도의 음양 통합적 삶을 본받는 것이라고 해석할 수 있다. 테레사는 사랑의 영성 실현에 있어서 소아로부터의 이탈과 겸손으로 말미암아 초래하는 하나님과 그리스도를 향한 성도의 탁월한 수용성의 중요성을 거듭해서 강조한다. 완전에 이르기 위하여 철저하게 그리스도를 본받고 그의 사랑을 받아 모셔야 한다. 그리스도와 함께 하는 영적 여정은 자기를 낮추고 비우는 빈 그릇 같은 음성의 여정인 동시에 받은 바 은혜대로 또한 하나님과 이웃에게 사랑을 내어 드리는 넉넉한 양성의 삶이라 하겠다.

정말로 영적인 인간이 되는 길을 알고 싶습니까? 그것은 다름 아닌 하느님의 종이 되는 것, 십자가의 낙인이 찍힌 종이 되는 것입니다. 스스로의 자유를 고스란히 바쳐서, 바로 주께서 하신 그대로 전 인류의 노예로 자기를 팔아잡수소서 하는 것입니다.[24]

성도의 삶이란 그리스도와의 연합을 통해서 음양 통합적 사랑의 영성을

---

24 데레사, 『영혼의 성』, 276 이하.

끝없이 실현해 나가는 삶이다. 이 사랑의 영성은 끝이 없다. 이런 의미에서 영성적 인생은 끝없는 자기 초월의 인생이다.

> 덕 닦기를 힘쓰지 아니하면 여러분은 항상 난쟁이로 그냥 남을 뿐, 그러나 자라지 않는 것뿐이라면 차라리 낫겠지만 아시다시피 자라지 않는 것은 곧 쪼그라드는 게 아닙니까? 사랑이란 늘 같은 상태에 있으면서 만족할 수 없으리라고 나는 생각합니다.[25]

성도는 그리스도 안에서 친구를 위하여, 이웃을 위하여, 음성의 자비로 자신을 낮추기도 하고, 양성의 사랑으로 자신을 내어주기도 한다. 그리스도의 사랑이 미치지 못할 원수가 없었다면, 성도의 사랑이 미치지 못할 원수도 없다. 성도는 그리스도 안에서, 그리스도를 본받아, 받음과 내어줌을 자유자재로 해야 한다.

  성도가 이 사랑의 삶을 온전하게 살려면, 그리스도와 하나가 되는 수밖에 없다. 그리스도와 완전히 하나 되는 삶에 대한 테레사의 표현은 "영적 결혼"이다. 그리스도가 영적 신랑이니, 모든 성도는 남녀 불문하고 그의 영적 신부가 되어야 한다. 바울도 성도의 동일한 영적 상태에 대하여 다음과 같이 말한다. 바울은 같은 진리를 다만 표현을 달리해서 말했다.

---

[25] 데레사, 『영혼의 성』, 277.

내가 그리스도와 함께 십자가에 못 박혔나니 그런즉 이제는 내가 사는 것이 아니요 오직 내 안에 그리스도께서 사시는 것이라 이제 내가 육체 가운데 사는 것은 나를 사랑하사 나를 위하여 자기 자신을 버리신 하나님의 아들을 믿는 믿음 안에서 사는 것이라(갈 2:20).

바울이 그리스도와 함께 십자가에 못 박힘은 그리스도에 대한 전적인 수용성을 얻기 위해서 불가피하게 거쳐야 하는 과정이다. 이것은 비단 바울에게만 해당되는 것이 아니라 모든 성도들에게도 해당된다. 완전한 죽음, 전적인 음성 내지 수용성, 그것은 그대로 완전한 그리스도 충만, 완전한 수여 가능성의 획득을 의미한다. 이런 경지에 오른 사람에 대하여 바울을 다음과 같이 말한다. 그리스도에 대한 음성과 양성의 충만한 경지에 오른 이는 다음과 같이 산다.

그런즉 이 일에 대하여 우리가 무슨 말 하리요 만일 하나님이 우리를 위하시면 누가 우리를 대적하리요 자기 아들을 아끼지 아니하시고 우리 모든 사람을 위하여 내주신 이가 어찌 그 아들과 함께 모든 것을 우리에게 주시지 아니하겠느냐 누가 능히 하나님께서 택하신 자들을 고발하리요 의롭다 하신 이는 하나님이시니 누가 정죄하리요 죽으실 뿐 아니라 다시 살아나신 이는 그리스도 예수시니 그는 하나님 우편에 계신 자요 우리를 위하여 간구하시는 자시니라 누가 우리를 그리스도의 사랑에서 끊으리요 환난이나 곤고나 박해나 기근이나 적신이나 위험이나 칼이랴 기록된 바 우리가 종일 주를 위하여 죽임을 당하게 되며 도살 당할 양 같이 여김을 받았나이다 함과 같으니라 그러나 이 모든 일에 우리를 사랑하시는 이로 말미암아 우리가 넉넉히 이기느니라 내가 확신하노니 사망이나 생명이나 천사들이나 권세자들이나 현재 일이나 장래 일이나 능력이나 높음이나 깊음이나 다른 어떤 피조물이라도 우리를 우리 주 그리스도 예수 안에 있는 하나님의 사랑에서 끊을 수 없으리라(롬 8:31-39).

이처럼 바울은 주께서 주시는 대로 잘 받았고, 또 받은 대로 잘 살았다. 이것이 바울의 음양 통합적 사랑 사상이요, 삶이다. 테레사의 사상과 삶도 또한 그러했다.

3. 예배 경험과의 부합성

처음 기독교인이든 지금의 기독교인이든, 동방 전통의 기독교인이든 서방 전통의 기독교인이든, 가톨릭 성도이든, 신교의 성도이든, 모든 기독교인들이 시간을 초월하고 전통을 초월해서 함께 공유하는 경험은 하나님에 대한 예배 경험이다. 그러므로 테레사의 음양론적 영성 사상의 기독교성을 고려함에 있어서 그 사상이 기독교인들의 예배 경험과 부합하는지를 살피는 것은 중요하다. 이 문제를 다루기 위해서 우리는 먼저 예배란 무엇인지를 살펴야 할 것이다. 예배의 기본 의미는 성도들이 하나님께 감사와 찬미의 정성을 드리는 것이다. 스탠리 J. 그렌즈(Stanley J. Grenz)는 예배에 대하여 다음과 같이 말했다.

> 기본적으로 예배는 합당한 가치가 있는 자에게 합당한 가치를 돌리는 것을 의미한다. 예배라는 차원은 신앙 공동체의 관심을 우리를 그의 백성으로 삼으신 하느님께 돌리게 해준다. 그런 까닭에 랠프 마틴(Ralph Martin)은 예배를 "하나님의 가치성이 인간의 삶의 규범이자 영감이 되는 그런 방식으로 하나님의 최고 가치 속에서 하나님을 향한 극적인 송축"으로 정의하였다.[26]

스탠리 J. 그렌즈는 랠프 마틴과 함께 예배의 중심 의미를 최고의 가치 있는 존재인 하나님에게 최고의 가치를 돌리는 것이라고 이해하고 있다. 그렌즈의 이와 같은 예배 이해는 결국 가장 위대하신 하나님에게 영광을 돌린다는 말과 다르지 않다. 이것은 예배에 대한 합당한 이해이다. 천상에서 이루어지고 있는 가장 모범적인 형태의 예배가 요한계시록 4장에 기록되어 우리에게 전해지고 있다.

> 이 일 후에 내가 보니 하늘에 열린 문이 있는데 내가 들은 바 처음에 내게 말하던 나팔 소리 같은 그 음성이 이르되 이리로 올라오라 이 후에 마땅

---

[26] 스탠리 그렌즈, 『조직신학』, 신옥수 역 (고양: 크리스챤 다이제스트, 2003), 701 이하.

히 일어날 일들을 내가 네게 보이리라 하시더라 내가 곧 성령에 감동되었더니 보라 하늘에 보좌를 베풀었고 그 보좌 위에 앉으신 이가 있는데 앉으신 이의 모양이 벽옥과 홍보석 같고 또 무지개가 있어 보좌에 둘렸는데 그 모양이 녹보석 같더라 또 보좌에 둘려 이십사 보좌들이 있고 그 보좌들 위에 이십사 장로들이 흰 옷을 입고 머리에 금관을 쓰고 앉았더라 보좌로부터 번개와 음성과 우렛소리가 나고 보좌 앞에 켠 등불 일곱이 있으니 이는 하나님의 일곱 영이라 보좌 앞에 수정과 같은 유리 바다가 있고 보좌 가운데와 보좌 주위에 네 생물이 있는데 앞뒤에 눈들이 가득하더라 그 첫째 생물은 사자 같고 그 둘째 생물은 송아지 같고 그 셋째 생물은 얼굴이 사람 같고 그 넷째 생물은 날아가는 독수리 같은데 네 생물은 각각 여섯 날개를 가졌고 그 안과 주위에는 눈들이 가득하더라 그들이 밤낮 쉬지 않고 이르기를 거룩하다 거룩하다 거룩하다 주 하나님 곧 전능하신 이여 전에도 계셨고 이제도 계시고 장차 오실 이시라 하고 그 생물들이 보좌에 앉으사 세세토록 살아 계시는 이에게 영광과 존귀와 감사를 돌릴 때에 이십사 장로들이 보좌에 앉으신 이 앞에 엎드려 세세토록 살아 계시는 이에게 경배하고 자기의 관을 보좌 앞에 드리며 이르되 우리 주 하나님이여 영광과 존귀와 권능을 받으시는 것이 합당하오니 주께서 만물을 지으신지라 만물이 주의 뜻대로 있었고 또 지으심을 받았나이다 하더라(계 4:1-11).

천상 예배의 광경을 보니, 보좌 주위의 네 생물은 하나님의 위대성을 그의 거룩성, 전능성, 영존성에서 보고 있고, 그리고 이십사 장로는 그의 창조주 되심에서 보고 있다. 그러므로 천상 예배에 참여하는 회중들은 하나님이 "영광과 존귀와 권능을 받으시는 것이 합당하다"고 고백한다. 천상 예배 회중의 하나님에 대한 이해는 또한 땅 위의 모든 기독교인들의 이해이다. 땅 위에서의 예배나 천상의 예배나 공히 하나님의 위대하심에 대하여 영광을 돌린다는 점에서 그 본질적 성격이 같다.

천상의 예배이든 지상의 예배이든 모든 참된 예배는 예수님이 말씀하신 첫 번째 계명과 밀접하게 상관된다.

> 그 중의 한 율법사가 예수를 시험하여 묻되 선생님 율법 중에서 어느 계명이 크니이까 예수께서 이르시되 네 마음을 다하고 목숨을 다하고 뜻을 다하여 주 너의 하나님을 사랑하라 하셨으니 이것이 크고 첫째 되는 계명이요(마 22:35-38).

기독교의 예배란 의식을 통한 이 첫째 계명을 수행함과 다른 것이 아니다. 예배에 성도는 무엇을 하나님께 드려야 하는가? 예수님의 가르침에 의하면, 성도는 자신의 온 "마음," "목숨," "뜻"을 하나님께 드려야 한다. 다시 말하면, 예배 때에 이루어지는 것은 우리의 전 존재를 담은 사랑을 하나님께 드리는 사건이다. 예배는 구체적인 의식을 통해서 행해진다. 의식이란 우리의 전 존재를 담은 사랑을 하나님께 드리고 표현하는 방식이다. 이와 관련하여 가장 중요한 예배 의식은 감사의 고백, 찬양, 기도이다.

예배가 성공적으로 성립하려면 드림이 있어야 하고 또한 받음이 있어야 한다. 드림이 없다면 받음이 있을 수 없다. 받음이 없다면, 드려도 소용이 없다. 드림과 받음이 함께 있어야 예배가 성립한다. 예배를 드리는 자는 성도들이다. 성도의 예배의 대상은 하나님이다. 요한계시록 4장은 하나님이 예배를 받으시는 분임을 증거한다. 성도들의 오래된 예배 전통은 하나님은 예배를 받으신다는 확신에 근거하고 있다. 예배 시에 성도들의 예배 드림이 있고, 하나님의 예배 받으심이 있다면, 예배는 탁월한 음양적 사건이다.

기독교인들은 일주일 중에 특별히 한 날 주일을 선택해서 하나님께 예배를 드린다. 주일날에 하나님께 예배드리는 관행은 온 세계의 거의 모든 교회의 일치된 관행이다. 성도들은 또 주일 이외의 날, 예컨대 수요일 혹은 금요일 저녁 같은 시간 등 수시로 모여서 하나님께 예배를 드린다. 삼위일체 하나님은 전 세계의 모든 교회, 모든 성도의 예배를 다 받으신다. 그리고 하나님은 요한계시록 4장에 그려진 것 같은 천상의 예배도 받으신다. 천상의 예배도 수시로 이루어질 것이다. 그러므로 예배에 대한 하나님의 음적 수용성은 모든 시간, 모든 장소를 포함하는 우주적 수용성이라고 판단된다.

예배 중 성도가 드리고 하나님이 받으실 때에 성도는 양의 자리에 있고 하나님은 음의 자리에 계시다. 그런데 예배 중 양과 음의 자리는 순간순간 바뀐다. 예배 중에 하나님은 성도로부터 영광을 받으시기도 하지만, 또한 성도들에게 은혜를 베푸시기도 하신다.

예배 중에 하나님의 양적, 수여적 활동과 성도의 음적 수용적 활동이 두드러지게 나타나는 때는 어느 때인가? 그것은 예컨대, 설교 때와 성만찬 때 같은 경우이다. 본래적인 의미의 설교는 단지 인간의 말에 불과한 것이 아니다. 설교자가 성실하게 성경 본문에 대한 연구를 행하고 하나님의 영감을 구하는 중에 설교를 준비하고 그리고 하나님의 인도 중에 설교를 행한다면, 하나님은 그 설교자가 설교하는 순간 그의 인간의 말을 통해서 하나님 자신의 말씀을 성도들에게 내리신다.

성만찬은 성육하신 하나님이신 그리스도가 성도들에게 당신 자신을 내어주시는 거룩한 성례이다. 성만찬에 관한 오래된 전승, 예수님 자신에게까지 올라가는 전승은 다음과 같다.

> 그들이 먹을 때에 예수께서 떡을 가지사 축복하시고 떼어 제자들에게 주시며 이르시되 받아서 먹으라 이것은 내 몸이니라 하시고 또 잔을 가지사 감사 기도 하시고 그들에게 주시며 이르시되 너희가 다 이것을 마시라 이것은 죄 사함을 얻게 하려고 많은 사람을 위하여 흘리는 바 나의 피 곧 언약의 피니라(마 26:26-28).

위 본문에 나타난 예수님의 말씀 중에서 우리는 특별히 "받아서 먹어라," "이것을 마시라"고 한 부분을 주목한다. 예수께서 제자들에게, 그리하여 오늘날 성만찬에 참여하는 성도들에게, "받아서 먹어라," "이것을 마시라"고 하심은 곧 우리에게 성만찬의 모습으로 당신 자신을 수여해 주셨다는 것이다.

성만찬에서 그리스도는 양적 수여성의 자리에 있고, 우리는 음적 수용성의 자리에 있다. 교회의 중심 전통은 성만찬에서 주님이 우리에게 주신 것이 주님 자신이라고 이해한다. 가장 위대하신 분인 하나님이 예수 안에서 성육신하시고 인간이 되셨다는 것도 놀라운 이야기이지만, 인간이 되신 하나님이신 그리스도께서 당신 자신을 성만찬을 통해서 내어주신다는 것도 매우 놀라운 이야기이다. 한마디로 은총의 신비이다.

성만찬에서도 그리스도와 성도 사이의 관계에서 음양성은 고정되지 아니하고 교체적으로 나타난다. 성만찬을 받음은 곧 그리스도를 받음이요, 이때 성도는 그리스도에 대하여 음의 자리에 있다. 그러나 성만찬을 받은 성도가 그 다음 순간에 자기 자신을 온전히 그리스도와 하나님께 되돌려 바치면 이때 성도는 그리스도에 대하여 훌륭한 모습으로 양의 자리에 있게 되는 것이다. 이러한 사상은 테레사의 다음 진술 속에 분명하게 나타난다.

> 내 낭군님, 이제 저는 당신이 저의 것임을 알고 있습니다. 저는 그것을 부정할 수 없습니다. 당신은 저를 위해 이 세상에 오셨습니다. 저를 위해 가혹한 시련을 겪으셨고, 저를 위해 수많은 매질을 견디셨고, 저를 위해 저 성체 안에 머물러 계시며, 지금도 저에게 수많은 놀라운 은혜를 베풀어 주고 계십니다. 그러니 거룩한 신부인 저는 – 제가 이렇게 말함은 주님께서 저를 이렇게 부르셨기 때문입니다 – 묻겠습니다. "제가 저의 낭군을

위해 무엇을 할 수 있겠습니까?"²⁷

테레사는 성체 즉 성만찬을 받음으로써 그 안에 머물러 계시는 주님을 자기 존재 안에 모시어 들인다. 테레사가 주님을 모시어 들일 때 그녀는 주님과 함께 주님의 온갖 은혜를 다 받는다. 그녀는 주님께 먼저 받은 자로서 또한 주님께 뭔가 드리고자 한다. 그래서 이렇게 말한다. "제가 저의 낭군을 위해 무엇을 할 수 있겠습니까?" 탁월한 음성은 탁월한 양성을 낳는다.

성도들은 예배 중 설교를 들을 때나 또는 성만찬을 받을 때뿐만이 아니라 예배의 모든 순서를 통해서 하나님과 그리스도에 대하여 한 순간에는 음의 자리에, 또 다른 순간에는 양의 자리에 있다. 성도는 하나님과 더불어 끝없는 음양 조화적 교제를 나누게 된다. 이러한 음양적 활동을 통해서 성도는 그 신앙은 점점 더 자라고, 그 내면은 날이 갈수록 더 성화 내지 신화 되어 간다.

감리교 창시자인 요한 웨슬리는 1738년 5월 어느 날 가슴이 따뜻해지는 은혜를 받은 일이 있다. 이 일은 웨슬리가 그 날 우연히 모라비안 교도들의 예배에 참석하게 되었을 때 누군가 로마서에 대한 루터의 서문을 읽는 것을 들음으로써 일어났다.²⁸ 그것을 듣는 순간 웨슬리에게는 어

---

27   데레사, 『아빌라의 성녀 데레사 소품집』, 253.
28   데오도어 런년, 『새로운 창조』, 김고광 역 (서울: 기독교대한감리회 홍보출판국, 1999), 66.

떤 놀라운 일이 일어났다. 이 사건에 대한 웨슬리 자신의 일기는 다음과 같다.

> (루터)가 그리스도 안에 있는 믿음을 통하여 우리 가슴 속에 하나님께서 일하시는 변화에 대하여 묘사하고 있는 동안, 나는 내 마음이 이상하게 뜨거워지는 것을 느꼈다. 나는 구원을 위하여 오직 그리스도만을, 그 그리스도를 신뢰하고 있음을 느꼈다. 그리고는 그가 나의(my) 죄를, 내가 지은 죄(mine)들까지도 져 주셨으며, 죄와 죽음의 법에서 나를(me) 구원해 주셨다는 확증이 들었다.[29]

웨슬리의 위 증언은 예배란 하나님이 베풀어 주시는 은혜에 대한 인간 편에서의 지극한 수용의 사건이요, 또한 그와 동시에 그 수용을 통해서 인간이 놀랍게 변화되는 사건이라는 그의 신학적 이해를 보이고 있다

신화된다는 것은 실상 그리스도화 되어가는 것이다. 세간의 말에 "당신은 당신이 먹는 그것이다"(You are what you eat)는 말이 있다. 성도는 성만찬을 통해서 그리스도를 먹었으므로 그리스도가 되어야 한다. 성도는 작은 그리스도가 되는 것이 당연하고 마땅하다. 물론 성도가 작은 그리스도가 되는 능력은 자신에게 있지 않고, 자신이 받아서 모신 그리스도, 당신 자신을 우리를 위해 내어주신 그리스도에게 있다.

---

29 데오도어 런년, 『새로운 창조』, 67 이하.

그러므로 좋은 예배가 되려면, 즉 하나님과 성도 모두에게 기쁨이 되는 예배가 되려면, 하나님과 성도들 사이에 음양적(陰陽的) 상호 교류가 진실하고 지극하게 이루어져야 한다. 하나님은 성도들을 향한 그분의 양적(陽的) 활동과 음적(陰的) 활동에서 항상 진실하시고 지극 정성이신 분이시다. 그러므로 하나님에게는 아무 문제가 없다. 문제는 우리 인간이다. 우리 성도들도 예배 중에 하나님을 향한 우리 자신의 양적 활동 및 음적 활동에서 진실하고 지극 정성이어야 한다. 다시 말해서 성도는 하나님께 대한 감사의 고백, 찬미, 헌금 등 모든 종류의 드림의 활동에서 지극 정성이어야 한다. 또 우리는 하나님이 설교나 성만찬 등을 통해서 우리에게 은혜를 내려 주실 때, 그 은혜를 놓치지 말고 받아들이는 뛰어난 수용성을 지녀야 한다.

예배 시에는 가장 우선적으로 중요한 것은 하나님 및 그리스도와 성도 사이의 음양적(陰陽的) 교제이다. 그러나 예배 시에는 또한 성도와 성도 사이의 교제가 있다. 기독교인은 사도신경을 통해서 고백하는 바와 같이, "거룩한 공회와 성도가 서로 교통하는 것"을 믿는다. 성도와 성도 사이의 교통, 즉 친밀하고도 진실한 교제는 예배의 맥락 안에서 가장 잘 이루어진다. 예배에 진실하게 참여한 성도라면 그의 심령에 사랑과 겸손과 순수함이 깃들 것이다. 왜냐하면 그가 하나님 앞에 진실하게 섰고, 하나님 앞에 진실하게 섰다면 하나님의 내리시는 은혜를 받았을 것이요, 그렇다면 그에게 사랑과 겸손과 순수함이 깃들 것이기 때문이다. 성도가 피차 이러한 상태에 있을 때에 성도 사이의 교제는 가장 진실하고 행복한 교제가 될 수 있는 것이다.

성도와 성도 사이의 교제도 당연히 음양적 성격을 지닌다. 예를 들어 보면 예배 순서 중 성도의 교제 시간에 어떤 교우가 당한 어떤 고통에 대한 소식이 회중에게 전해졌다고 하자. 그러면 그 소식을 듣는 순간에 그 교우의 고통은 온 회중들의 마음 속으로 스며들게 된다. 모든 교인이 그 교인의 고통에 동참하게 된다. 이러한 때에 회중은 그 해당 교인에 대하여 음의 자리에서 그를 사랑하는 것이다. 이것은 함께 아파하는 자비의 사랑이다. 그 후에 그 회중이 해당 교인의 고통을 덜어 주기 위하여 중보 기도라든가 그 밖의 어떤 구체적인 활동을 그 교우에게 능동적으로 행했다고 가정하자. 이 경우 회중은 해당 교인에 대하여 양의 자리에서 선행의 사랑을 베풀고 있는 것이다.

예배에 참여한 성도들의 사랑의 범위는 동료 교인들을 넘어서서 훨씬 더 확대될 수 있다. 예컨대 회중이 지구촌 어느 곳 어떤 사람들에서 일어난 어떤 비극적 사태에 대하여 음적 사랑의 자리에 설 수 있다. 그것은 그들과 함께 마음 아파하는 것이다. 더 나아가서 그 회중이 그 비극적 사태의 극복을 위해 중보 기도나 또는 그 밖에 어떤 적극적인 활동을 행할 수 있다. 이것은 양적 사랑의 자리에 서는 것이다.

요약하자면, 예배란 성도들과 하나님 사이, 성도들 사이, 그리고 더 나아가서 그 회중과 지구촌의 온 피조물들 사이에 음적 형태의 사랑과 양적 형태의 사랑이 교대로 나타나는 현장이다. 예배에 이러한 음양적 사랑의 교제가 존재한다는 사실에 비추어 볼 때에, 아빌라의 테레사의 음양적 사랑의 영성신학은 기독교의 예배 경험과 부합하며, 따라서 그녀의 사상은 기독교적이라고 판단된다.

제2장

아빌라의 테레사의 음양론적 영성신학의 신뢰성

　우리는 앞에서 테레사의 영성 사상이 사도들이 증언한 예수 그리스도의 계시 사건과, 바울의 사상과 그리고 기독교인들의 예배 경험에 비추어 기독교적이라는 점을 보였다. 이제 우리가 다룰 문제는 그녀의 음양 통합적 영성 사상은 인간의 보편적인 경험과 이성에 비추어서 신뢰성이 있는 사상인가 하는 것이다.

　나는 테레사의 음양 통합적 사상은 주역 등에 나타나는 동양의 음양론과 상통함을 주장한 바 있다. 현대에 이르러 우리의 주목을 끄는 현상은 음양론은 비단 동양의 사상가들의 관심사일 뿐만 아니라 서양의 여러 진보적인 학자들의 주목을 받게 되었다는 것이다. 예를 들어 프리초프 카프라(Fritjof Capra)는 다음과 같이 말한다.

　　인생에 있어서 주된 양극성의 하나는 인간성의 남성적인 측면과 여성적인 측면이다. 선과 악, 삶과 죽음이라는 양극성과 마찬가지로 우리는 우리 자신 속에 들어 있는 남성/여성적 양극성에 불안감을 느끼는 경향이 있다. 그러므로 우리는 남성적이든, 여성적이든 어느 한쪽 면을 두드러지게 취한다. 서양 사회는 전통적으로 여성적인 면보다 남성적인 면에 치중하였다. 각인(各人)의 퍼스낼리티가 남성적인 것과 여성적인 것의 상호 작용이 낳은 결과라는 것을 인식하는 대신에, 모든 남자는 남성적이고 모든 여자는 여성적이라고만 생각하는 고정된 양식을 수립시켰다. 그래서 이러한 고정 관습이 남자에게 지도적인 역할과 많은 사회적인 특권을 부여한 것이다. 또 이러한 태도는 인간성의 모든 '양성적'인 면 — 남성적인 면, 즉 활동성, 이성적 사고, 경쟁, 공격성 등 — 을 지나치게 강조하는 결과를 낳았다. 직관적, 종교적, 신비적, 비의적(秘義的) 혹은 심령적이라는 말로써 묘사할 수 있는 '음(陰)', 즉 여성적인 의식 상태는 서양의 남성 지향적인 사회에서는 항상 억압을 받아 왔다.

반면, 동양의 신비주의에서는 이 여성적 양태가 계발되었으며, 또한 인간성의 두 국면 간에 하나의 통일성이 추구되었다. 노자의 말에 의하면 완전히 깨달은 인간이란 "남성적인 것을 알고서도, 여전히 여성적인 것을 간직하고 있는 사람"이다. 동양의 여러 전통에 있어서는 의식의 남성적인 양태와 여성적인 양태 사이에 역동적인 균형을 이루는 것이 항상 주요한 목표고, 그것은 예술 작품 속에서 흔히 예증되어 있다.[1]

---

[1] 프리초프 카프라, 『현대물리학과 동양사상』, 이성범·김용정 역 (서울: 범양사출판부, 1990), 164.

프리초프 카프라도 동양 사상가들과 같이 인간은 남성이든 여성이든 모두 다 여성성과 남성성, 음성과 양성을 가지고 있다고 본다. 서양 사회의 문제는 그 두 양성 중에서 어느 하나, 즉 남성성, 양성에 치우친 데 있다고 본다. 카프라는 서양 사회에서 흔히 억압받아 왔던 음성, 여성성의 의식이 실로 "종교적, 신비적"이라고 하는데, 그가 아빌라의 테레사의 사상 등을 염두에 두고 하는 말인지는 알 수 없다.

좌우간 우리가 앞에서 살펴 본 바와 같이 테레사의 사상은 분명히 음양 통합적이다. 카프라는 음성과 양성, 여성성과 남성성 문제와 관련하여 노자의 사상도 소개하고 있다. 노자는 "완전히 깨달은 인간이란 "남성적인 것을 알고서도, 여전히 여성적인 것을 간직하고 있는 사람"이라고 했다는데, 다시 말하면 남자이든 여자이든 남성성과 여성성을 공히 원만하게 지닌 가운데 그 둘을 잘 조화 통합하는 사람이 깨달은 사람, 도가 높은 사람이라는 뜻이다. 이러한 노자의 견지에서 볼 때에 테레사는 분명코 깨달은 사람이 될 것이다. 노자에게 하나님에 대한 사상이 있었는지는 본인은 알 수 없다. 적어도 테레사의 사상에 의하면, 하나님 및 이웃과의 관계에서 음양 통합적 삶을 고도로 실현하는 사람이 영성이 높은 사람이다. 그리고 테레사의 이러한 사상은 하나님의 존재에 대하여 소극적인 입장을 가지고 있는 교회 밖의 사람들에게 상당한 신뢰성을 줄 것으로 판단된다.

음양론에 대하여 공감적인 또 다른 서양학자는 통합심리학(integral psychology)의 선구자로 많은 사람들의 주목을 받고 있는 켄 윌버(Ken Wilber)이다. 켄 윌버는 다음과 같이 말한다.

7개의 차크라는 3수준 또는 3단계를 좀 더 자세하게 구분한 것인데, 의식과 에너지의 7수준을 모든 인간이 이용할 수 있음을 보여준다. … 여기서 중요한 점은, 전통적인 견해에 따르면 7수준은 각자 자신의 남성적인 양태와 여성적인 양태(양상, 타입, 또는 목소리)를 가지고 있다는 것이다. 남성성과 여성성은 어떤 것이 더 우월하지도 않고 어떤 것이 더 좋은 것도 아니다. 이 둘은 의식의 모든 수준에 내재되어 있는 동등한 타입이다. … 7번째 차크라에서 남성과 여성을 상징하는 두 마리 뱀이 근원으로 사라지는 것에 주목할 필요가 있다. 남성과 여성은 꼭대기에서 하나로 결합한다.[2]

7개의 차크라에 관한 사상은 힌두교에서 그리고 티벳 불교 등에서 중시되는 사상이다. 첫 번째 차크라부터 시작해서 마지막 일곱 번째 차크라까지 열리면 대단한 경지에 오른 것으로 인정된다. 참고로 기독교 신학자 중에 차크라 사상을 자신의 신학적 사유에 받아들인 사람으로는 매튜 폭스(Mattew Fox)가 있다.[3] 켄 윌버가 위 인용문에서 말하는 핵심 내용은 여성성과 남성성은 어느 것이 더 우월한 것이 아니라 동등한 것이라는 것, 그리고 남성성과 여성성이 온전히 통합되는 것은 7번째 차크라라는 것이다. "7번째 차크라에서 남성과 여성을 상징하는 두 마리 뱀이 근원으로 사라진다"는 말의 뜻은 남성성이나 여성성 그 자체가 사라진다는 뜻이 아니

---

2 켄 윌버, 『켄 윌버의 통합비전』, 정창영 역 (서울 : 김영사, 2014), 50.
3 매튜 폭스, 『내 몸과 영혼의 지혜』, 한성수 역 (고양 : 생태문화연구소, 2016).

라, 그 둘이 조화되고 연합됨으로 말미암아 여성성과 분리된 남성성이나 남성성과 분리된 여성성은 사라진다는 뜻으로 이해된다. 윌버가 말한 바, 7번째 차크라가 열리는 이가 높은 경지에 오른 이라는 말은 다시 말해서 그에게서 남성성과 여성성이 온전히 조화 결합된 상태를 이룬 자라는 것이다.

윌버의 위 주장은 테레사의 영성 사상과 친근성이 있다. 테레사의 사상에서도 남성성과 여성성은 그 어느 하나가 우월한 것이 아니라 둘 다 꼭 필요한 것이다. 그리고 그 둘은 결합되어야 한다. 하나님과의 관계에서도 그렇고 이웃과의 관계에서도 그러하다.

나는 테레사의 음양 통합적 영성 사상이 현대 인류 사회에서 널리 신뢰성을 얻을 것이라는 것을 보이기 위해서 프리초프 카프라나 켄 윌버의 주장을 잠깐 참조하였다. 그런데 음성과 양성의 구별성과 상호 조화 및 통합의 필요성은 인간의 일상적인 삶 어디를 보아도 쉽게 알 수 있다. 가장 비근한 예로 호흡을 살펴보자. 육신을 갖고 사는 한 인간의 생명은 호흡(呼吸)에 달려 있다. 나가는 숨은 호요, 들어오는 숨은 흡이다. 호도 중요하고 흡도 중요하다. 그리고 그 둘 사이가 조화되고 통합되어야 건강한 생명이다. 또는 우리의 사회적 삶을 살펴보자. 인간의 행복은 대인 관계가 정의롭고 원만한 데 있다. 주님이 대접받고자 하는 대로 대접하라고 하셨거니와, 우리는 다른 이들로부터 좋은 대접을 받고 싶어한다. 잘 받으려면 또한 잘 줄 줄 알아야 한다. 주는 것만 알고 받을 줄 모르거나, 또는 받을 줄만 알고 줄 줄을 모르면, 그러한 삶은 건강하고 행복한 인생이 될 수 없다.

　이 시대에 특별히 생태계의 위기 문제, 환경 문제가 날카롭게 제기되고 있다. 예를 들어 인간이 바다 속에 쓰레기를 무차별적으로 투입함으로 말미암아 바다 속 생명들이 병들거나 죽어가고 있다. 바다 속 생명도 하나님의 귀한 피조물들로서 건강하고 아름답게 살 권리가 있다. 그들이 받아서 불편한 쓰레기를 그들의 삶의 영역에 무책임하게 투입하는 것은 건강한 양성이 아니다. 바다가 오염되고 바다 속 생물들이 병이 들면 결국 인간도 불행해진다. 인간의 먹거리 중 상당 부분이 바다에서 오는데, 병든 수산물이 우리의 건강에 좋을 수가 없다.

　정의롭고 자비로운 음양적 관계가 우리의 모든 관계들 속에서 나타나게 해야 한다. 부모와 자식 간의 관계, 부부간의 관계, 스승과 제자 사이의 관계, 정치 지도자와 국민들 사이의 관계 등 모든 관계에서 나타나야 한다. 건강한 음성과 양성이 모든 관계 속에서 이루어져야 한다.

> 너희 중에 아버지 된 자로서 누가 아들이 생선을 달라 하는데 생선 대신에 뱀을 주며 알을 달라 하는데 전갈을 주겠느냐(눅 11:11-12).

생선을 달라고 하는데 뱀을 주는 사회는 병든 사회이다. 건강한 음성과 양성이 이루어지는 사회가 선진적인 사회요, 그러한 사회 속에 사는 시민들이 행복하다.

　우리는 앞에서 음성과 양성이 피차 구별되지만 똑같이 평등하게 중요하다는 것과 이 둘이 조화되고 원만하게 통합되는 데에 모든 생명체들이 행복이 있음을 보았다. 이것이 모든 인간의 경험이요 이성적 판단이라면, 나는 테레사의 음양 통합적 영성 사상이 많은 사람들에게 신뢰성을 줄 수 있다고 확신한다.

Teresa of Avila's
Spirituality of Love

제4부

결론

결론

 이 글은 기독교 신학 분야의 논문이다. 기독교 신학은 기독교인이든 비기독교인이든 모든 이들을 향해서 말하고 모든 이에게 설득력이 있기를 희망한다. 그러할지라도 기독교 신학은 우선 기독교 신앙과 기독교 신앙인들에게 책임적으로 말해야 하고, 기독교 신앙과 신앙인으로부터 공감을 얻을 수 있어야 한다. 그러므로 본인은 결론부에서 테레사의 음양 통합적 영성 사상이 기독교 신앙에 대하여, 특별히 한국의 교회들의 영성 회복에 대하여 갖는 의미를 다시 한번 살펴보는 기회를 갖고자 한다.

 기독교 영성의 올바른 실현은 사랑의 열매 맺는 삶으로, 빛과 소금의 삶으로 드러나야 할 것이다. 그런데 안에 없는 것은 밖으로 나올 수 없다. 내면에 쌓은 선한 것, 즉 안에 있는 것이 밖으로 나오기 때문이다. 그리스도인으로서 우리의 존재가 튼튼해야 우리의 삶도 건강하다. 웬디 윌리엄스(Wendy Williams)는 그녀의 글 "아빌라의 데레사: 하나님의 친구"(*St. Teresa of Avila: Friend of God*)에서 테레사가 생각하는 이상적인 인간에 대하여 다음과 같이 정리하고 있다.

 데레사가 그녀의 수녀들에게 요청한 것은 일종의 양성적(androgynous) 존재,

가장 훌륭한 인간적 특성들 — 그것을 "여성적"(feminine)이라고 부르든 혹은 "남성적"(masculine)이라고 부르든 — 의 개발이었다.[1]

물론 여기서 말하는 "양성적"이라는 말은 요즈음 자주 회자되는 "성 정체성"(sexual identity)과는 무관한 말이다. 그것은 모든 인간들의 영혼에 내재하는 특성과 관련된 말이다. 모든 인간은, 그가 남성이든 혹은 여성이든 불문하고, 그 영혼의 특성으로서 "여성성"과 "남성성," "수용성"과 "기여성," "수동성"과 "능동성"을 모두 함께, 조화롭게, 지녀야 한다는 의미에서 "양성적"이어야 한다는 것이다. 웬디 윌리엄스가 테레사의 신학을 해석하면서 테레사의 이상적인 인간이란 바로 영혼의 "양성성"을 지닌 자로 이해한 것은 본인의 테레사 이해와 일치하는 부분이다.

이러한 건강한 "양성성" 내지 "음양 통합성"은 비단 개인에게뿐 아니라 공동체에게도 요청된다. 신자 개인이나 혹은 교회 공동체이든 건강한 신앙은 음양 통합적 영성을 실현하는 데 있다. 이와 대조적으로 음양의 통합성이 결여된 경우에는 개인이든 공동체이든 건강한 영성이 되지 못하고, 따라서 행복한 신앙생활 누리기를 기대하기 어렵다. 여성성이 결여된 남성성 위주의 영성이나 또는 역으로 남성성이 결여된 여성성 위주의 영성 모두 건강한 영성이 아니다. 나는 영성의 이 두 측면 중 어느 한 면이 결여된 경우들을 고찰하는 데서 시작하고자 한다.

---

[1] Wendy Williams, "St. Teresa of Avila: Friend of God," *Duke Divinity School Review*, 44 (1979), 31.

먼저 여성성이 결여된 남성성 위주의 영성을 도모하는 경우를 살펴보자. 테레사의 음양론적 사랑 사상을 고려하건대, 우리가 무엇을 누구에게 주기 전에 우리는 대개 먼저 받는 일이 있어야 한다. 준다는 것은 줄 것이 있다는 것을 전제로 한다. 줄 것이 있다는 것은 먼저 음의 자리에서 먼저 받아야 한다. 무엇보다도 하나님으로부터 생명과 사랑을 받아야 한다. 받은 바가 없는 데 주려고 하면 탈진한다. 또 그런 상태에서는 주관적으로 준다고 생각해도 실제적으로는 그 준 것이 허상이거나 별 것 아닌 것이다. 베푸는 사랑은 혹은 가시적 형태, 혹은 비가시적 형태를 취하게 되는데, 어느 경우에나 그 주는 사람의 영혼의 중심에 사랑의 빛과 사랑의 능력이 없으면, 주고자 하여도 줄 수 없는 것이요, 주었다고 생각해도 실상은 준 것이 없는 것이다. 적어도 사랑을 주지는 못했다. 주는 자의 존재의 중심, 그 영혼 안에 사랑이 없으면, 사랑은 줄 수 없다.

하나님이 주시는 그리하여 인간이 받는 사랑 중에서 가장 큰 사랑은 하나님이 당신 자신을 내어주심이다. 하나님은 당신 자신을 내어주시면서 겸하여 각종 좋은 것을 주신다. 우리는 하나님으로부터 온갖 사랑과 은혜를 받는다. 하나님이 주시는 선한 것들 가운데는 초자연적인 은사들도 있다. 그중에는 예언, 영 분별, 방언, 방언 통역, 병 고치는 은사, 능력 행함 등의 특별한 은사들도 있다(고전 12:4-11). 이와 같이 은혜가 풍성하신 하나님이 그러한 '초자연적인 은사들'[2]을 인생들에게 주심은 결국 이웃 사

---

2 테레사가 알려주는 초자연적인 하나님의 은혜로는 지성적 현시(intellectual vision), 상상적 현시(imaginative vision), 신비적 말씀을 들음(locution), 탈혼(rapture or ecstasy or

랑을 위해서이다. 그런데 그러한 은사를 받은 자가 그 은사 자체에 집착하거나 스스로 자만하여, 그 은혜(gifts)를 주시는 하나님(the Giver)을 잊어버리는 경우가 있다. 이것은 그 은사를 잘못 이해하고 잘못 사용하는 오류에 빠지는 것이다.

테레사에 의하면, 은혜 중의 은혜는 관상의 은혜다. 관상의 은혜는 매우 좋은 것이요 하나님 자신에게 매우 가까운 것이다. 그런데 만에 하나 우리가 그것을 주시는 분은 오직 하나님이심을 망각한다면 여전히 옳지 않은 것이다. 그러므로 은혜 받음의 자리, 음의 자리에 있는 이들에게 가장 우선적이고도 핵심적인 영적인 분별은 은사와 은사를 주시는 바로 그분에 관한 것이라 하겠다. 더 좋은 길을 택하라면 마땅히 은혜의 선물을 항상 주시는 분을 가까이하고 그분과 항상 동행하면 된다. 그리하면 은사는 주시는 분의 지혜대로 때에 맞게 주어질 것이다.

음의 자리에서 은혜를 받은 자는 양의 자리로 나서야 한다. 오늘날에도 우리 주위에는 여전히 난민, 노숙인, 외국인 노동자 등 소외된 이웃들이 많이 있다. 그리스도인은 빛나는 내면의 사랑을 가지고 타자를 향하여 나아가야 한다. 내면에 힘차게 존재하는 사랑의 빛과 능력으로써 저 어려운 처지에 있는 분과 함께 동고동락하는 양의 자리, 선행의 자리에 서는 것이 참으로 옳다.

---

transport), 심장이 관통되는 은총, 몸이 들어 올려지는 것 등이 있다. 제6궁방에서 나타나는 이러한 현상들은 모든 영혼에게 반드시 다 일어나는 일도 아니며, 반드시 거쳐야 할 길은 아니라고 한다. 데레사, 『영혼의 성』, 141-245.

그러나 예수에게도 혹독했던 인간 사회의 여러 부분들은 오늘 이 시대에도 진정한 사랑으로의 변혁을 추구하는 일에 대하여 소극적이거나 적대적인 경우가 많다. 신적인 사랑을 가슴에 품고 사랑 실천의 양적 자리에 나아가는 자들은 세상 권세와 어둠의 세력에 의해서 한계와 절망을 느끼고 회의적이며 자포자기의 위기감을 느끼게 되기도 한다. 이러할 때에 하나님의 사랑의 빛과 불에 의해서 거듭해서 채워짐이 없이는 영혼은 곧 목마를 수밖에 없다. 그러므로 음의 자리에 거듭해서 있지 않고서 양적인 자리에만 서는 그리스도인이 있다면 참다운 사랑을 역동적으로 충만하게 실현해 낼 수 없을 것이다. 온 마음과 온 뜻과 온 정성을 다하여 진리의 말씀을 힘써 듣고 배우지 않고, 사랑을 베푸는 현장에만 있다면 곧 영적인 고갈되어질 수밖에 없다.

마틴 루터 킹 주니어(Martin Luther King, Jr.)의 영향을 받아서 사회 개혁에 열정적으로 앞장섰던 신학자 존 R. 영블러트((John R. Yungblut)가 신비주의는 가장 깊은 '공감'의 주요한 원천이기에 혁명적인 사회 개혁 운동에 희생적으로 헌신하는 이들에게 신비주의가 요청되는 것은 피할 수 없다고 말한 것은 이 점을 시사한다고 본다.[3] 사랑으로 땀 흘린 자는 사랑의 물, 생명의 물을 공급받아야 한다. 영적인 갈증은 채워져야 한다. 더불어 양적인 활동인 나눔과 사랑의 실천 방식이 공감을 얻지 못하면, 그것은 결국 능력을 상실하게 된다. 특별히 선행을 선전하지 말아야 한다. 하나님께

---

[3] John R. Yungblut, *Discovering God Within* (Pennsylvania: The Westminster Press, 1979), 193 이하.

거저 받았느니, 거저 조용히 베푸는 것이 사랑의 진리와 부합한다. 구제의 선행을 할 때에 "오른손이 하는 일을 왼손이 모르게 하라"(마 6:3)는 말씀이 있거니와, 한국교회는 많은 실행에서 자기 의를 드러내지 않았는가 살펴야 한다. 그리스도께서 "종의 형체"를 취하심은 양의 자리에 서는 바른 모습을 제시해 주고 있다.

반면에 활동적인 사랑, 사랑의 양성적 측면이 결여된 채 받는 사랑, 사랑의 음성만 추구하는 영성은 열매 없는 영성이요, 그 받은 바 은혜에 합당한 삶을 살지 않는 것이다. 예를 들어 관상의 상태가 아무리 좋아도 그 상태에만 빠져 사는 것은 건강한 영성이 아니다. 사랑의 삶으로서의 영적인 여정은 일평생에 걸쳐서 음양론적 순환이 지속되어져야 한다. 매일 더 충만하고 새롭게 은혜를 받고, 날마다 주와 함께 살아가야 한다.

감리교 창시자인 웨슬리에 의하면, 영성의 핵심인 성화는 그것이 비록 마음에서 시작하지만 결코 마음에서 그치는 것이 아니라 삶의 외적인 증거인 열매들을 통해서 입증되어야 한다. 그리고 어떤 외적 자비의 행위도 내적, 영적 구원과 분리되어서는 안된다.[4] 이는 테레사의 영성과 매우 공감적이며 성경적이다. "자기가 한 영혼이라도 하느님을 더 사랑하도록 돕는 데 이바지 할 수 있고, 또는 영혼을 위로해 줄 수 있고, 무슨 위험에서 구해줄 수 있다는 것을 안다면 과연 자기 혼자의 휴식 따위를 찾을 수 있겠습니까?"[5] 변화산 위에서 장막을 짓고 혼자 머물 것이 아니라, 다시 마

---

4 이후정, 『성화의 길-오늘을 위한 웨슬리의 영성』(서울: 기독교서회, 2001), 123 이하.
5 데레사, 『창립사』, 48.

을 아래로 내려가서 세상을 위해 사랑의 수고를 해야 한다.

관상의 은혜를 받은 인생, 주님을 보고 아는 인생이 또한 주님의 뜻을 따라서 세상을 사랑으로 섬긴다면 그 인생은 참으로 복된 인생이다. 이러한 사람을 테레사는 "마리아와 마르다가 함께 감"이라고 표현한다. 기도(관상)와 활동의 통합이다. 이러한 경지의 사람은 받는 음의 자리 있으면서 그와 동시에 내어주는 양의 자리로 나아가는 참된 사람, 신령한 사람이다. 이러한 사람은 분열되지 않고 통합적으로 사랑하는 자이다.

> 따님들이여, 기도란 결국 이것을 위한 것입니다. 영적 결혼도 이것을 위한 것이고, 이 결혼에서는 언제나 실행, 실행이 생겨나는 것입니다.[6]

하나님을 사랑함으로 그분의 형상을 닮아 더욱 변화되고 성숙한 삶의 열매를 맺도록 진보되어 가는 삶의 모든 과정을 보여준 테레사의 영성은 500여 년이 지난 후대의 우리들에게도 귀감이 된다.

한국의 교회 현실에서 자주 보이는 문제점은 하나님에 대한 관계에서나 혹은 이웃에 대한 관계에서 음과 양의 두 측면 중에서 어느 한쪽으로 치우치고 다른 한 면을 간과하는 데서 발생하는 것이므로 이 점을 극복하는 일에 특별한 관심을 기울여야 할 것이다.

기독교 영성은 사랑의 영성인데, 이 영성의 길은 끝이 없는 길이다. 사

---

6 테레사, 『영혼의 성』, 275.

랑은 관계적이고 이기적인 자아에서 벗어나 자기 초월을 이루면서 끊임없이 성장하고 변화한다. 기독교 영성은 끝없이 그리스도를 닮는 것이다. 영성의 길이 지향하는 바는 인생으로서 사랑 자체이신 하나님을 기쁘시게 해드리는 것이다. 그것은 곧 지극한 사랑의 존재, 사랑의 충만, 사랑의 완전에 이르는 것이다. 일평생 동안 신실하게 그 목표를 향해 성장하고 진보해야 할 점진적인 과정이요, 과제이다. 이를 이루려면 믿음을 통해서 그리스도와 연합하여야 한다. 그리스도와 하나됨은 곧 사랑이신 하나님의 교제에 참여하게 된다.

인생은 사랑의 영적 여정에서 어디에 이르렀든지 더 올라가야 한다. 사랑의 불꽃은 시들지 말아야 하고 오히려 날마다 더 활기차야 한다. 그리스도로 말미암아 새롭게 창조된 피조물들은 영원한 도성을 바라보면서 이 세상을 지나는 나그네와 순례자로서 하나님의 사랑의 형상을 구현하는 거룩한 과제를 잘 이루어내야 한다. 그런데 문제는 전적으로 헌신된 삶은 지극히 어렵다는 것이다. 인간이 하나님으로부터 받은 사랑은 한량없지만, 사랑에 대한 이해에 있어서 부족하고, 바쁜 실존의 세상 속에서 그 사랑의 기억을 자주 잊어버리고, 연약한 육신은 사랑의 의지를 자꾸 줄어들게 한다. 그래서 끊임없이 사랑이신 분과의 친밀한 관계를 위해서 기도나 묵상이나 예배하는 음의 자리에 있어야 한다. 테레사는 예수 그리스도 그분을 바라보라고 한다. 영혼이 하나님과 사랑으로 연합되어 그 충만한 예수의 분량에 이르면 온전한 사랑의 실현이 이루어질 것이다.

성도는 사랑의 하나님 자신을 통째로 받은 자이고, 사랑의 갈망으로 가득한 자신을 통째로 바친 자이다. 관상 속에는 음양론적인 구별과 통합이 나타난다. 줌이 있으면 받음이 있고 받음이 있으면 내어줌이 있다. 이러한 점에 있어서 기독교 영성은 쌍극적(dipolar) 성격을 지닌다고 하겠다. 하나님에게서 한없는 사랑을 받고 그 사랑을 내어주고 나누어주는 것은 참으로 신명나는 삶이다. 둘러보면 모든 것이 아름답다. 거저 받았으니 거저 주라고 하시는 하나님은 지극히 작은 자 한 사람에게 주는 것을 당신에게 주는 것이요, 당신 자신이 받으신 것이라고 한다. 인생이 동료 인생에게 행하는 선행은 그대로 하나님께 드리는 예물이 된다. 그러므로 기독교 영성은 이 세계에 대하여는 책임적인 사랑의 실천이 된다. 빛이신 분에게서 빛을 받은 자들은 선행을 통해 온 세상을 향해 사랑의 빛을 비추어야 한다. 하나님의 사랑의 불씨를 받은 자들은 그 불씨를 소중히 간직할 뿐만 아니라 세상에 불씨를 전해야 한다. 지속적인 사랑의 음양적 순환이 있어야 한다.

그리스도는 교회를 당신의 몸으로 삼으셨으니, 특별히 하나님의 사랑을 받은 지체들은 서로가 사랑해야 한다. 하나님이 사랑을 주셨으니 그 받은 바 사랑을 알고 합당하게 행하는 것이 마땅하다. 그러나 안타깝게도 현실의 한국 교회는 사회적으로는 점차 공신력을 잃어가고 있다. 교회들은 교리 혹은 기타 의견 차이로 분열을 계속하고 점점 연합하는 힘을 잃어가고 있다. 우리의 연약함과 부족함과 죄인 됨이 하나님의 사랑에서 우리를 끊을 수는 없다. 우리는 회개하고 더욱 더 완전한 사랑을 갈망하면서 '주님 안에서' 사랑의 진리와 능력을 회복해야 한다. 이후정은 새천년을 맞이한 한국교회의 영성 회복은 먼저 내면으로부터의 갱신을 통해서 거룩한 그리스도인의 삶을 회복할 것을 요청하고 있는데,[7] 참으로 본질을 간파한 주장이라고 본다. 사랑의 완전을 향해 나아가기를 중단하지 말아야 할 것이다.

과정신학이나 테레사의 사상에 의할 경우, 하나님은 세계 전체를 내포하시고 마치 자신의 몸으로 삼으신 듯 하니, 우리는 하나님의 몸인 우주와 그 몸의 지체들인 모든 생명들에 대하여 관심과 사랑을 갖지 않을 수가 없다. 특별히 생태 환경이 위기를 맞은 이 시대에는 더욱 그러하다. 테레사의 영성 사상에서 생태학적 관심은 명확하고 충분히 발전되었다고 볼 수 없지만 연구해 볼 만한 충분한 암시들을 내포하고 있다고 본다.[8] 온 세상의 구속을 위해서 오신 분은 실로 만유를 사랑하시는 분이시다. 그분이 우리를 신적 사랑의 빛과 불로써 새로운 존재, 하나님의 자녀된 자들도 만드셨다. 하나님은 만유의 주이시고, 하나님의 사랑의 빛은 우주 끝까지 비춘다. 하나님의 사랑의 빛과 불을 받은 우리도 그 빛과 불로써 온 세상을 비추고 온 세상에 그 불을 붙여야 할 것이다. 그때가 우리가 하나님의 성숙한 자녀들로 나타나는 때이요, 하나님이 영광 받으시는 때이다. 그 때에 새로운 사랑의 질서를 고대하는 만물에게도 희망찬 미래가 열릴 것이다.

---

7 이후정, 『성화의 길-오늘을 위한 웨슬리의 영성』, 11 이하.
8 하나님이 은혜를 베푸실 때, 깨끗한 정화를 상징하는 물의 비유나, 누에고치 혹은 나비의 비유 등을 통해서 테레사는 자연을 묵상함으로 좋으신 것을 주시는 하나님에 대한 영성의 교재로 사용했음을 알 수 있고, 이런 관점을 보았을 때, 창조 세계에 대한 청지기적 관점도 있었다고 추론적으로 생각해 볼 수 있겠다. 데레사, 『천주자비의 글』, 79.; 창조물 중에서 가장 작은 것, 개미 새끼에 이르기까지 하나님의 신비를 담고 있을 것이라는 인간이 알 수 있는 바 이상이 있다는 숙고도 기억해 둘 만하다. 데레사, 『영혼의 성』, 84.

영을 새롭게 하시고, 만물을 새롭게 하시는 주님 안에서 우리는 새로운 시작을 할 수 있다. 그리스도인은 누구라도 다 영성의 높은 실현을 이루어야 할 목표가 있다. 하나님의 은총으로 하나님과의 온전한 사랑에 이른 한 사람, 혹은 여러 사람이 나오는 교회 공동체는 복될 것이다. 비록 단 한 사람의 높은 경지에 오른 사람이 나온다고 해도 그 교회 공동체는 복되다. 사도 바울과 같이, 또한 테레사와 같이 깊고 넓은 차원의 영성을 지닌 사람을 만나는 교회가 있다면, 그런 사람을 통해서 교회 공동체는 더 높은 차원의 영성 실현의 가능성을 알게 되고 배우게 될 것이다. 이런 의미에서 한국에 있는 여러 교회에 더 많은 이들이 하나님과의 온전한 합일, 음양 통합적인 사랑의 합일에 이르게 되길 소망한다.

참고 문헌

<1차 자료>

데레사. 『성녀 데레사 서간집』 제1권, 윤주현 베네딕토 역. 서울 : 기쁜소식, 2014.
_____. 『성녀 데레사 소품집』 제1권, 윤주현 베네딕토 역. 서울: 기쁜소식, 2015.
_____. 『아빌라의 성녀 데레사 소품집』 부산 가르멜 여자 수도원 역. 왜관: 분도출판사, 1997.
_____. 『영혼의 성』 최민순 역. 서울: 바오로딸, 2001.
_____. 『완덕의 길』 최민순 역. 서울: 바오로딸, 2002.
_____. 『창립사』 서울 가르멜 여자 수도원 역. 서울: 기쁜소식, 2011.
_____. 『천주 자비의 글』 서울 가르멜 여자 수도원 역. 서울: 분도출판사, 2015.
Santa Teresa De Jesús, *Obras Completas: edicion manual*. Madrid: Biblioteca de Autores Cristianos, 2015.
Teresa of Avila. *The Collected Works of Saint Teresa of Avila*. Vol. 1. trans, by Kieran Kavanaugh and Otilion Rodriguez. Washington. D. C.: ICS Publications, 1987.
_____. *The Collected Works of Saint Teresa of Avila*. Vol. 2. trans, by Kieran Kavanaugh and Otilion Rodriguez. Washington. D. C.: ICS Publications, 1980.
_____. *The Collected Works of Saint Teresa of Avila*. Vol. 3. trans, by Kieran Kavanaugh and Otilion Rodriguez. Washington. D. C.: ICS Publications, 1985.
_____. *The Complete Works of Saint Teresa of Avila*. Vol. 1. trans, by E. Allison Peers. London: Burns and Oats, 2002.
_____. *The Complete Works of Saint Teresa of Avila*. Vol. 2. trans, by E. Allison Peers. London: Burns and Oats, 2002.
_____. *The Complete Works of Saint Teresa of Avila*. Vol. 3. trans, by E. Allison Peers. London: Burns and Oats, 2002.

<2차 자료>

1. 단행본

곽신환.『주역의 이해』. 서울: 서광사, 1990.
그렌즈, 스탠리. Grenz, Stanley J.『조직신학』, 신옥수 역. 고양: 크리스챤다이제스트, 2003.
김기.『음양오행설의 이해』. 서울: 문사철, 2016.
김석진.『대산 주역강의』1. 서울: 한길사, 2000.
김석진.『대산 주역강의』3. 서울: 한길사, 2002.
김승호.『주역원론』1. 서울: 선영사, 2010.
던, 제임스. Dunn, James D. G.『바울 신학』, 박문재 역. 서울: 크리스챤다이제스트, 2003.
런년, 데오도어. Runyon, Theodore.『새로운 창조』, 김고광 역. 서울: 기독교대한감리회홍보출판국, 1999.
로어, 리처드. Rohr, Richard.『불멸의 다이아몬드』, 김준우 역. 서울: 한국기독교연구소, 2015.
로스끼, 블라디미르. Lossky, Vladimir.『동방교회의 신비신학에 대하여』, 박노양 역. 서울: 한국장로교출판사, 2003.
뢰브, 자끄. Loew, Jacques.『그리스도라 부르는 예수 : 바티칸 피정 강론(1970)』, 이성배 역. 왜관: 분도출판사, 1980.
르놀, 엠마누엘. Renault, Emmanuel.『영성의 대가: 아빌라의 성녀 데레사의 신비적 체험』, 고성 가르멜 여자 수도원 역. 왜관: 분도출판사, 2010.
방효익.『예수의 데레사 입문』. 화성: 수원카톨릭대학교출판부, 2010.
버로우스, 루쓰. Burrows, Ruth.『영혼의 성 탐구 : 하나님과의 친밀한 연합의 삶을 위한 데레사의 가르침』, 오방식 역. 서울: 은성출판사, 2014.
비슬리 머레이 조지 레이몬드. Beasley-Murray, George Raymond.『요한복음』, 이덕신 역. 서울: 솔로몬. 2001.
송성진.『예수 그리스도』. 서울: CLC, 2015.
_____.『영성과 교회』. 서울: CLC, 2016.

성 아우구스티누스. Augustine, Aurelius. 『삼위일체론』, 김종흡 역. 서울: 크리스챤다이제스트, 1994.

왕필. 『주역 왕필주』, 임채우 역. 강릉: 길, 1998.

윌버, 켄. Wilber, Ken. 『켄 윌버의 통합비전』, 정창영 역. 서울: 김영사, 2014.

이현주. 『무위당 장일순의 노자 이야기』. 서울: 삼인, 2009.

이후정. 『성화의 길 - 오늘을 위한 웨슬리의 영성』. 서울: 대한기독교서회, 2001.

카프라, 프리초프. Capra, Fritjof. 『현대물리학과 동양사상』, 이성범·김용정 역. 서울: 범양사, 1990.

카스트로, 세쿤디노. Castro, Secundino. 『성녀 데레사의 그리스도 체험』, 윤주현 역. 서울: 기쁜소식, 2012.

켈리, J. N. D. Kelly, J. N. D. 『고대기독교교리사』, 김광식 역. 서울: 한국기독교문학연구소출판부, 1980.

클렌데닌, 대니얼. B. Clendenin, Daniel B. 『동방 정교회 신학』, 주승민 역, 서울: 은성, 1997.

파블로 마로토, 다니엘 데. Pablo. Maroto, Daniel de. 『성녀 데레사의 기도영성』, 윤주현 베네딕토 역. 서울: 기쁜소식, 2012.

폭스, 매튜. Fox, Matthew. 『내 몸과 영혼의 지혜』, 한성수 역. 고양: 생태문화연구소, 2016.

홀트, 브래들리 P. Holt P. Bradley. 『기독교 영성사』, 엄성옥 역. 서울: 은성, 2002.

Alvarez Tomás. O.C.D., *St. Teresa of Abila: 100 Themes on Her Life and Work*. trans, by Kieran Kavanaugh. Washington. D. C.: ICS Publications, 2011.

Cobb Jr, John B. & Griffin, David Ray. *Process Theology: An Introductory Exposition*. Philadelphia: The Westminster Press, 1976.

Cunningham, Lawrence S. and Egan, Keith J. *Christian Spirituality: Themes from the Tradition*. New York: Paulist Press, 1996.

Goppelt, Leonhard. *Theology of the New Testament*. Vol. 2. trans, by John E. Alsup. Grand Rapids: William B. Eerdmans, 1982.

Grenz, Stanley. *Theology for the Community of God*. Grand Rapids: William B. Eerdmans, 1994.

Hartshorne. Charles. *The Divine Relativity*. New haven and London: Yale University Press,

1948.

MaFague, Sallie. *Models of God: Theology for an Ecological, Nuclear Age*. Philadelphia: Fortress Press, 1988.

McGrath, Alister E. *Christian Spirituality: An Introduction*, 3rd ed. NY: Blackwell Publishing, 2001.

Ogden, Schubert M. *On Theology*. San Fransisco: Haper & Row, 1986.

O'keefa, Mark. *The Way of Transformation: Saint Teresa of Avila on the Foundation and Fruit of Prayer*. Washington D.C.: ICS Publications, 2016.

Tillich, Paul. *Perspectives on 19th and 20th Century Protestant Theology*. London: SCM, 1967.

Ulanov, Ann Belford. *Receiving Woman*. Philadelphia: The Westminster Press, 1981.

Wesley, John. *The Works of John Wesley*. Vol. 2. Nashville: Abingdon Press, 1985.

2. 소논문

송성진. "기독자의 완전을 위한 관상과 활동의 중요성." 『신학과 세계』 88 (2016년 겨울호): 114-148.

이선경. "易의 坤卦와 유교적 삶의 완성." 『철학』 85 (2005): 27-46.

Babcock, William S. "Cupiditas and Caritas: The Early Augustine on Love and Human Fulfillment." in *Augustine Today*. edited by Richard John Neuhaus. 1-34. Grand Rapids: William B. Eerdmans, 1993.

Schneiders, Sandra M. "Religion and Spirituality: Strangers, Rivals, or Partners?" *The Santa Clara Lectures 6*. no. 2. Feb 6, 2000: 1-26. https://scholarcommons.scu.edu/cgi/viewcontent.cgi?article=1093&context=jst(검색일 2019. 5. 1.)

Williams, Wendy. "St. Teresa of Avila: Friend of God." *Duke Divinity School Review*, 44 (1979): 24-32.